서울·경기
입지 분석
TOP 12

서울·경기 입지 분석 TOP 12

초판 1쇄 발행 2024년 7월 25일

지은이 미래지향아빠 **펴낸이** 이성용 **책디자인** 책돼지
펴낸곳 빈티지하우스 **주소** 서울시 마포구 성산로 154 4층 407호(성산동, 충영빌딩)
전화 02-355-2696 **팩스** 02-6442-2696 **이메일** vintagehouse_book@naver.com
등록 제 2017-000161호 (2017년 6월 15일) **ISBN** 979-11-89249-88-5 13320

부동산 투자의 고수가
주목하는 유망 지역

서울·경기
입지 분석
TOP 12

미래지향아빠 지음

미래 가치가 상승할 지역 선점!!

최적의 타이밍 투자법!!

빈티지하우스
VINTAGE HOUSE

저자 '미래지향아빠' 소개

30대에 처음으로 서울 지역의 아파트 매수를 위해 부동산 임장을 나간 것을 시작으로 지금까지 서울 25개 구, 경기 28개 시, 인천 8개 구의 모든 대장 아파트와 주요 재개발·재건축 지구 등 총 140여 개 지역의 임장을 경험했습니다.

직장생활을 병행하면서 새벽 시간, 점심 시간, 퇴근 이후의 시간을 비롯하여 주말과 휴가를 모두 부동산 투자를 위한 공부와 임장에 쏟아부었습니다. 그리고 한정된 시간에 최고의 효율을 올리기 위해 활용할 수 있는 모든 부동산 어플리케이션을 이용하여 성과를 극대화하려고 노력했습니다.

그 결과, 아파트, 재개발, 상가, 오피스텔, 법인 투자, 경매, 공간 대여업 등 다양한 부동산 포트폴리오를 보유하고 있는 사업가이자 실전 투자자가 될 수 있었습니다. 이렇게 얻은 경험과 노하우를 공유하고자 2022년 8월부터 현재까지 매월 한 번도 빠짐없이 새로운 콘텐츠로 부동산 라이브 강의도 진행하고 있습니다.

특히 '클래스101'에서 진행한 [서울 25개 구 부동산 입지 분석] 강의는 재테크 분야 TOP 10 인기 강의로 선정되는 영광을 얻기도 했습니다. 부동산 최대 커뮤니티인 '월급쟁이 부자들'에서 강사이자 전문가 칼럼리스트로도 활동 중이며, '월급쟁이 부자들'에서 2024년 오픈한 [자투리 시간 투자법]이라는 강의는 지금 현재 5.0 만점의 후기 평점을 유지하고 있습니다. 이 밖에도 다양한 부동산 관련 강의 및 칼럼을 기고하며 부동산 분야 크리에이터로 활동하고 있습니다.

이 책 《서울·경기 입지 분석 TOP 12》에서는 그 동안의 임장 및 투자 경험을 바탕으로 부동산 강의 노하우를 모두 녹여 2024년에 주목해야 할 서울 및 경기 TOP 12 지역을 선정하였고, 해당 지역의 입지 분석과 관련된 모든 내용을 한 권에 담았습니다.

강의 경력

- 부동산 투자 기본기 마스터

- 서울 25개 구 입지 분석

- 경기도 28개 시 입지 분석

- 인천 & 1기~3기 신도시 입지 분석

- 부동산 App 마스터

- 재개발 투자 기본기 마스터

- 경매 완전 기초반

- 실전 경매 물건 분석

- 소액 투자 방법

- 수도권 교통망 계획 분석

- 전국 일자리 호재 분석

- 부동산 세금 기본기 마스터

- 아파트 시세 조사

- 아파트 타이밍 투자법

- 상가 투자 기본기 마스터

미래지향아빠 블로그: https://blog.naver.com/byuk3

온라인 라이브 강의 사이트: 미래부자스쿨 https://richschool.liveklass.com

이메일: byuk3@naver.com

Intro
서울과 경기 지역 부동산에 왜 주목해야 하는가?

대한민국의 부동산 시장은 2017년부터 2022년 초까지 이어진 역대급 상승장을 경험하고 2024년 현재는 전국적인 하락 국면으로 전환된 상태입니다. 2023년부터 강남 3구를 중심으로 가격이 회복하는 모습을 보이는가 했지만, 여전히 하락 국면에서 보합을 보이거나 반등의 기미조차 보이지 않는 지역이 많아 현재의 부동산 시장은 말 그대로 혼돈의 국면이라고 말할 수 있습니다.

"대한민국 국민 소득 대비 현재의 아파트 값은 거품이다", "인구 감소와 출산율 저하로 부동산의 미래는 없다", "부동산으로 돈을 버는 시대는 끝났다"라는 의견이 있는 반면, "수도권으로의 인구 유입과 자본 투입은 계속 늘어나고 있다", "수도권 핵심 지역과 그 밖의 지역의 격차는 더 늘어날 것이다"라는 의견도 있어 상반된 주장이 팽팽하게 대립하고 있습니다.

부동산은 결국 시장의 수요와 공급에 의해 가격이 결정되는 상품이기 때문에 우리는 이러한 혼돈의 시기일수록 과거 역사적으로 반복되었던 부동산 가격의 패턴에 주목해야 합니다.

한없이 오를 것만 같던 시장도 일정 시점이 되면 하락을 맞이해왔고, 금리 변동과 경제위기, 전쟁과 같은 대외 변수에도 영향을 받아 부동산 경기는 출렁였습니다.

부동산(不動産)은 말 그대로 토지나 건물처럼 움직여서 옮길 수 없는 재산을 말합니다. 따라서 이런 시기일수록 지금의 상황에 일희일비하지 말고, 해당 부동산이 갖고 있는 본질적인 입지에 주목해야 합니다. 그리고 해당 입지에서 호재로 인해 부동산의 가치가 올라갈 곳을 찾아내는 일에 전념해야 합니다.

역사적으로 보면 다른 사람들이 관심을 갖지 않을 때 옥석을 찾아 투자를 했던 사람들이 큰 부를 이뤘고, 그렇지 않은 사람들은 대세 상승장에서 상투를 잡고 투자에 실패했습니다. 이 책을 통해 지금 시점에 왜 서울 및 경기 지역의 부동산부터 관심을 가져야 하며, 서울 및 경기 지역에서 주목해야 할 곳 TOP 12는 어디인지 면밀히 살펴보겠습니다.

▶ 가격이 가장 많이 올랐다

한국부동산원에서 발표한 자료에 의하면 지난 12년간 아파트 매매가는 전국적으로 평균 1억 8천만 원, 약 71퍼센트 상승했습니다. 세종특별자치시와 같이 새롭게 조성된 곳을 예외로 보면, 서울 및 경기 지역은 12년 전에도 이미 가장 비싼 가격대였지만 12년간 가장 많은 가격 상승과 상승율을 보인 지역이기도 합니다.

부동산 투자를 할 때는 가격 상승률도 중요하지만 가격이 얼마나 올랐는지

절대적인 가격 상승이 가장 중요합니다. 결국 가격 상승폭이 부동산 투자로 벌 수 있는 돈의 크기이기 때문입니다.

지역	2012년 01월	2024년 02월(원)	12년간 가격 상승(원)	12년간 가격상승률
서울	540,954,000	1,050,926,000	509,972,000	94%
경기	283,106,000	517,376,000	234,270,000	83%
인천	213,885,000	369,542,000	155,657,000	73%
부산	220,945,000	364,146,000	143,201,000	65%
대구	173,973,000	329,441,000	155,468,000	89%
광주	136,544,000	276,426,000	139,882,000	102%
대전	205,634,000	339,972,000	134,338,000	65%
울산	195,867,000	282,344,000	86,477,000	44%
세종	143,257,000	543,453,000	400,196,000	279%
강원	117,181,000	185,428,000	68,247,000	58%
충북	132,926,000	201,665,000	68,739,000	52%
충남	135,428,000	197,444,000	62,016,000	46%
전북	140,379,000	181,768,000	41,389,000	29%
전남	110,919,000	172,798,000	61,879,000	56%
경북	108,749,000	163,038,000	54,289,000	50%
경남	183,351,000	215,933,000	32,582,000	18%
제주	134,994,000	301,189,000	166,195,000	123%
전국	264,474,000	451,135,000	186,661,000	71%

12년간 평균 아파트 가격 변화　　　　　　　　　　　　　　　　　- 출처: 한국부동산원

▶ 수요와 공급이 가장 많다

2024년부터 2028년까지 전국에 공급되는 물량은 약 60만 세대입니다. 그중 서울이 6.7퍼센트, 경기가 30.6퍼센트로 서울과 경기는 전체 공급 물량의 37.3퍼센트를 차지하고 있습니다. 8.8퍼센트를 차지하고 있는 인천을 포함한 수도권으로 계산하면 46.1퍼센트로 전체 공급 물량의 거의 절반에 가까운 물량이 수도권에 집중되고 있습니다.

이렇듯 앞으로도 지방 인구 감소와 수도권 인프라 집중이 계속될 것으로 예상되기 때문에 서울과 경기로 사람과 자본이 모일 것입니다. 하지만 서울과 경기는 적정 수요 대비 턱없이 부족한 공급량을 보이고 있기 때문에 신축 아파트의 가치는 더 높아지고, 노후도가 충족된 재건축 아파트와 아파트로 새롭게 변모할 재개발 정비사업은 시간이 지나면서 더 가치를 얻게 될 수밖에 없는 것이 서울과 경기 지역의 장기적인 흐름입니다.

지역	입주물량 (세대)	비율	지역	입주물량 (세대)	비율
서울	40,279	6.7%	강원	26,269	4.3%
경기	184,717	30.6%	충북	32,655	5.4%
인천	52,915	8.8%	충남	37,515	6.2%
부산	33,639	5.6%	전북	17,578	2.9%
대구	33,882	5.6%	전남	20,103	3.3%
광주	12,707	2.1%	경북	38,193	6.3%
대전	22,661	3.8%	경남	37,320	6.2%
울산	8,110	1.3%	제주	2,066	0.3%
세종	3,301	0.5%	전국 입주물량	603,910	100%

▶ 인구와 일자리가 가장 많다

수도권이라 일컫는 서울, 경기, 인천의 인구수는 전체 인구의 50퍼센트가 넘습니다. 지방의 인구 감소와 유출도 심각한 문제지만, 수도권의 인구는 계속 증가하고 있습니다.

특히 인구가 감소하는 서울과 달리 경기와 인천의 인구는 가파르게 증가하고 있습니다. 서울의 인구가 감소하는 것도 사실은 서울에 살고 싶어 하는 수요가 감소하는 것이 아닙니다. 부동산 가격이 이미 너무 많이 상승했기 때문에 부동산 가격에 부담을 느낀 사람들의 수요가 경기와 인천으로 이동했기 때문입니다.

인구와 수요가 늘어나는 것에 맞춰 기업은 수도권에서 교통이 편리한 곳에 일자리를 조성하고, 이렇게 조성된 일자리 때문에 지방의 인구가 계속 수도권으로 이동하는 현상이 벌어집니다.

용산국제업무지구, 삼성동 GBC, 고덕비즈밸리 등 고소득 대형 일자리가 생기는 것도 서울입니다. 정부도 지역간 불균형 해소를 위해 국가첨단산업단지 후보지를 발표하고 전국 모든 지역에 호재가 있는 것처럼 보일 수 있지만, 사실 그 내막을 자세히 들여다보면 주요 일자리와 투자금이 대부분 경기도 용인에 집중되는 것을 확인할 수 있습니다.

지역	인구수 (명)
경기	13,639,616
서울	9,386,705
인천	3,003,150
부산	3,289,401
경남	3,244,232
경북	2,548,440
대구	2,372,008
충남	2,131,309
전남	1,800,352
전북	1,751,318
충북	1,590,947
강원도	1,524,624
대전	1,441,536
광주	1,417,031
울산	1,102,161
제주	673,665
세종	387,193

- 출처: 주민등록인구통계

No	지역	일자리 수
1	서울	3,648,857
2	경기	2,464,409
3	경남	518,248
4	부산	449,591
5	경북	444,208
6	충남	426,347
7	인천	424,658
8	전남	312,715
9	충북	299,785
10	대구	282,736
11	대전	273,503
12	전북	236,898
13	강원	217,707
14	울산	201,739
15	광주	192,292
16	제주	98,870
17	세종	55,530

- 출처: 주민등록인구통계

서울·경기

입지 분석

TOP 12

I
부동산 투자의
기본 메커니즘

1. 수요와 공급의 메커니즘

부동산은 움직이지 않는 자산이라는 의미를 갖고 있기 때문에 부동산이 있는 위치, 즉 입지가 가장 중요한 역할을 합니다. 하지만 부동산 투자 역시 사람들의 거래에 의해 이뤄지기 때문에 부동산 투자의 기본 메커니즘을 이해하는 것이 중요합니다.

부동산 투자의 기본 메커니즘을 수요와 공급, 타이밍, 가격, 상대적 비교의 관점에서 살펴보도록 하겠습니다.

부동산 투자의 기본 메커니즘을 이해하기 위해선 먼저 아파트의 생애주기에 따라 수요와 공급이 가격에 어떤 영향을 미치는지를 이해해야 합니다. 신축 아파트도 어느 순간이 되면 기축, 구축 아파트가 되고 30년 연한이 지나 재건축을 추진하는 아파트가 됩니다.

삶의 터전을 옮기는 것이 쉬운 일은 아니기 때문에 노후한 아파트에 살고 있는 사람들은 동일 지역의 신축 아파트에 관심을 갖게 됩니다. 이러한 수요는 거래로 이어지게 되며, 거래량이 늘어나고 경쟁이 붙으면서 가격 상승의 효과를 가져옵니다.

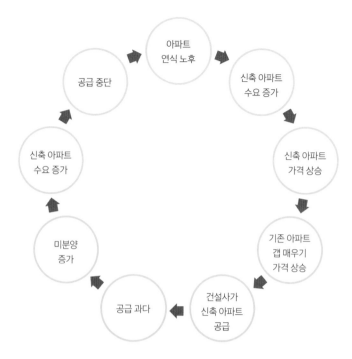

이렇게 해당 지역의 신축 아파트 가격이 오르기 시작하면 주변의 구축 아파트들도 갭 메우기 현상에 의해 가격이 따라 올라가는 것을 확인할 수 있습니다. 신축 아파트의 가격 상승이 해당 지역에 영향을 주면 시행사와 시공사는 재개발 및 재건축 등의 정비사업을 통해 새로운 아파트를 공급하게 됩니다. 아파트의 경우 착공부터 준공까지 최소 3년의 시간이 걸리는데 상승장에서는 고분양가에도 불구하고 완판되는 분위기를 타고 한번에 많은 물량이 공급됩니다.

반면 늘어난 공급으로 인해 청약이나 매수를 원하는 사람들의 선택권이 많아지게 되면 미분양이 증가하고, 결국 미분양 처리를 위해 할인 분양 또는 저가 분양이 나오면서 신축 아파트의 가격이 생각보다 오르지 않게 됩니다. 이는 다시 주변 지역 구축 아파트에도 영향을 미쳐 가격 하락을 불러오고, 이런 시장 분위기에서는 아파트를 공급하려는 시행사와 시공사가 나타나지 않아 공급량은 감소합니다.

공급량이 적어지고 기존 아파트는 계속 노후화되면서 일정 시간이 지나면 다시 신축 아파트의 수요가 증가하는 사이클이 무한 반복되게 됩니다.

▶ 적정 수요를 구하는 방법

2013년 국토교통부에서 발표한 장기주택종합계획에 나온 전국 신규 주택 수요를 참고하면 전체 지역 인구의 약 0.5퍼센트 정도의 신규 공급이 매년 필요하다는 것을 확인할 수 있습니다.

> **연간 적정 수요를 구하는 방법:** 해당 지역 전체 인구 x 0.5%

서울을 예로 들면 약 940만 명의 서울 시민에게는 매년 47,000세대의 아파트가 신규 공급되어야 한다는 것입니다. 하지만 2008년을 제외하고 20년 동안 서울은 적정 수요에 비해 신규 공급이 항상 부족했습니다.

따라서 서울은 신축 아파트에 대한 수요가 항상 클 수밖에 없고, 신축 아파트의 가치는 계속 오를 수밖에 없는 것입니다.

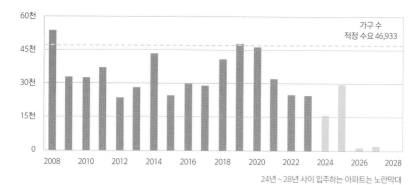

서울시 연간 적정 수요 대비 공급 현황

- 출처: 아실

2. 타이밍의 메커니즘

2024년 현재는 2022년 초까지 이어진 역대급 신고가 행진이 멈추고 하락 조정을 받고 있는 시기입니다. 강남 3구를 제외하곤 아직 가격 상승이 더디고, 여전히 신고가 대비 20퍼센트 이상 하락한 단지가 많습니다. 이런 하락장 및 보합장에서는 매도자(파는 사람)가 매수자(사는 사람)보다 많은 매도자 우위의 분위기가 형성되어 가격 상승까지는 시간이 필요합니다.

매수를 원하는 사람들도 가격이 상승한다는 확신이 없기 때문에 당분간 전세의 수요가 증가하게 됩니다. 매수보다 전세로 수요가 몰리게 되니 일부 인기 있는 지역의 전세가는 상승합니다.

최근 의대 증원 뉴스와 함께 재수를 하려는 학생들이 크게 늘었고, 이를 반영하듯 대치동과 목동의 전세가가 가파르게 올라간 것이 하나의 예로 볼 수 있습니다. 이렇게 전세가가 상승하고 매매가가 제자리인 시장이 계속되면 전세가와 매매가의 차이가 줄어들어 전세가율이 60퍼센트 이상으로 올라가게 됩니다.

이러면 시장에서 매수 대기자들이 비싼 돈을 주고 전세를 얻을 바에 대출을 받거나 돈을 보태서 집을 사는 게 낫다는 생각으로 전환되게 됩니다.

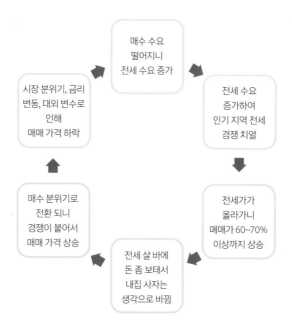

매수를 원하는 사람이 점차 많아지면 주요 입지, 인기 단지의 매매가 상승을 가져옵니다. 이렇게 올라간 매매가는 시장 상황, 금리 변동, 대외 변수 등으로 인해 다시 하락하는 경우를 맞이합니다. 이것이 전형적인 아파트 가격의 상승과 하락의 메커니즘입니다.

따라서 우리는 매매가와 전세가가 동시에 하락하거나 정체된 상태에서 전세가가 막 상승하려는 시점이 부동산 투자를 하기에 가장 좋은 타이밍이라는 것을 인지해야 합니다.

▶ 전세가율

전세가율은 주택 매매가 대비 전세가의 비율을 나타내는 지표입니다. 이는 부동산 시장에서 주요 선행지표 중 하나로 활용됩니다.

> **전세가율 계산 방법:** (전세가 ÷ 매매가) x 100%

예를 들어 아파트 매매가가 10억 원이고, 전세가가 5억 원이면 전세가율은 (5억 ÷ 10억) × 100퍼센트로 50퍼센트입니다. 전세가는 순수한 실거주 수요를 의미하기 때문에 매매가 정체 중이여도 전세가가 올라 전세가율이 높아지면 전세의 수요가 매수의 수요로 전환되는 경우가 많이 발생합니다.

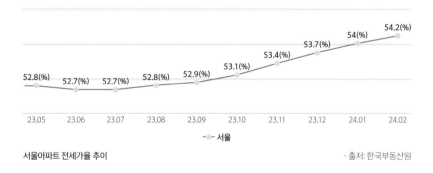

서울아파트 전세가율 추이   - 출처: 한국부동산원

▶ 미분양

미분양은 분양된 주택 중에서 판매되지 않은 주택을 의미합니다. 이는 부동산 시장의 수요와 공급이 불균형을 이루거나 경제 상황, 입지 조건, 고분양가 등의 다양한 요인에 의해 발생할 수 있습니다.

미분양이 증가하면 부동산 시장의 침체신호로 인식되어 주변의 아파트 가격에도 영향을 줄 수 있으며, 신규 공급을 담당하는 시행사와 시공사에 영향을 주어 공급이 제한됩니다.

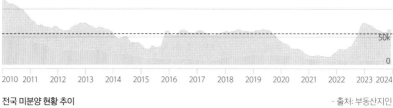

미분양(전체) 평균 558.28

전국 미분양 현황 추이   - 출처: 부동산지인

미분양은 분양 이후 판매되지 않는 재고 주택을 의미하는 일반 미분양과 건설이 완료된 이후에도 판매되지 않은 준공 후 미분양으로 구분할 수 있는데, 준공 후 미분양을 악성 미분양이라고도 합니다.

3. 부동산 가격의 메커니즘

한국부동산원에서 발표한 자료에서 알 수 있듯이 2012년을 기준으로 현재 전국의 모든 아파트 평균 매매가격은 상승했습니다. 상승액과 상승률은 모두 지역별로 상이할지라도 장기적인 관점에서 보면 현재 일시적인 하락을 맞이하고 있지만 지금까지 전국적으로 우상향해왔다는 것을 알 수 있습니다.

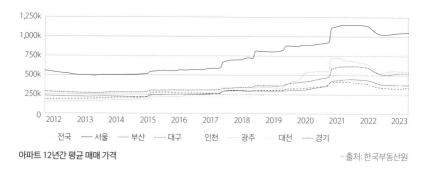

아파트 12년간 평균 매매 가격
- 출처: 한국부동산원

그렇다면 부동산 가격은 어떻게 결정될까요? 부동산 가격에 영향을 미치는 요소로는 크게 토지 가격, 건축비, 인건비의 3가지를 고려할 수 있습니다. 이 3가지 요소가 모두 상승하면 부동산 가격은 당연히 우상향될 것입니다.

하지만 부동산 가격 상승의 가장 중요한 전제 조건은 실거주 수요입니다. 실거주 수요가 있어야 거래가 일어나고, 그런 수요를 바탕으로 신축 아파트가 공급되기 때문입니다.

▶ 토지 가격

토지 가격의 추이는 해당 지역의 거래, 입지의 가치, 대내적인 경기, 지역별 특성 등 다양한 요인에 영향을 받습니다. 또한 수요와 공급, 경기 변동, 정부 정책 등에 의해서도 변동됩니다.

상승의 크기는 해마다 다를 수 있지만 한국부동산원에서 발표한 토지가격 지가지수를 보면 현재의 가격을 100으로 기준삼았을 때, 과거부터 지금까지 꾸준히 상승해온 것을 확인할 수 있습니다.

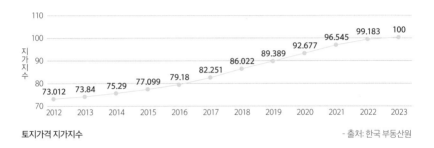

토지가격 지가지수   - 출처: 한국 부동산원

▶ 건축비

건축비는 건축비를 구성하는 많은 요소에 의해 영향을 받습니다. 건물의 설계비를 비롯하여 건물을 건설하기 위해 필요한 자재와 장비에 대한 비용 등으로 시멘트. 철강, 목재, 유리 등의 원자재와 건설 장비의 사용료까지 포함되기 때문입니다.

이 외에도 건축 현장 안전에 대한 비용, 프로젝트 관리 및 감리, 세금 등도 포함됩니다. 최근 들어 러시아-우크라이나 전쟁 이후 국제적으로 모든 원자재 가격이 크게 상승했습니다. 이렇게 상승한 원자재 가격은 좀처럼 하락하기가 쉽지 않기 때문에 장기적으로 건축비 상승의 원인이 되기도 합니다.

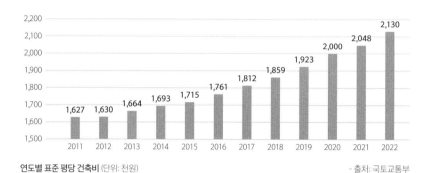

연도별 표준 평당 건축비 (단위: 천원)

- 출처: 국토교통부

▶ 인건비

최저시급은 2009년 4,000원에서 2024년 9,860원으로 13년간 약 2.46배 상승했습니다. 같은 기간 서초구의 대표적인 아파트인 반포자이의 가격은 34평 기준으로 11.2억 원에서 31.8억 원으로 2.83배의 상승이 있었습니다. 최저임금은 물가상승률과 연동하여 매년 심의를 거쳐 결정되는데 아파트는 거주 가격이 지표이기 때문에 최소한의 물가상승률만큼은 상승한다는 것을 알 수 있습니다.

현재 저출산과 비혼으로 인해 생산가능인구는 계속 줄어들어 지역별 인력 수급과 연봉 격차는 점점 커져가고 있습니다. 이에 따라 현재 건축업에 종사하는 사람들의 임금도 가파르게 올라가고 있는 상황입니다.

또한 2022년부터 중대재해처벌법이 발의되어 50인 이상 사업장인 공사 현장에서 인명사고가 벌어지면 최악의 경우 법인의 대표가 구속될 수 있게 되었습니다. 2024년부터는 50인 미만 사업장에도 적용되면서 공사 현장의 속도가 지연되고 있습니다. 과거 3년 정도면 준공될 수 있었던 아파트 공사의 준공 시간도 점차 늦어지고 있습니다. 이러한 공사의 지연은 자연적으로 인건비 상승으로 이어질 수밖에 없습니다.

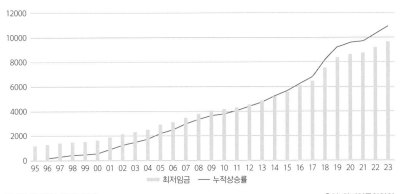

연도별 최저임금 (단위: 천원)   - 출처: 최저임금위원회

4. 상대적 비교의 메커니즘

부동산의 입지와 가격의 서열은 좀처럼 바뀌지 않습니다. 마곡업무지구와 같이 대규모 택지개발사업을 통해 신규 일자리가 엄청나게 창출되거나, 흑석뉴타운처럼 재개발 정비사업과 황금노선인 9호선이 개통되면서 과거에 비해 큰 변화를 겪지 않는 한 지역별, 구별, 동별, 아파트별 시세는 과학과 같이 비슷한 추이로 상승하는 모습을 보입니다.

상승장에서 가장 빠르게 시세가 오르는 곳은 대표적으로 강남 2구(강남구, 서초구)입니다. 이러한 대장 지역의 가격이 올라가면 그 옆에 위치한 송파구의 가격이 올라가게 되고, 이는 마용성(마포구, 용산구, 성동구)의 가격 상승을 불러옵니다. 그리고 나머지 지역까지 영향을 미치게 됩니다. 이렇듯 부동산 시세에 따라 지역별, 동별, 아파트별 갭 메우기 현상이 벌어지기 때문에 시세를 이끄는 지역과 대장 아파트의 가격 변화 추이를 항상 관심 있게 지켜봐야 합니다.

▶ 가격대가 비슷한 지역 비교

부동산 투자를 잘 하기 위해서는 한 지역이나 하나의 아파트 단지만 보는 것보다 여러 비교군을 정하여 추세를 살펴보는 것이 중요합니다. 시세가 비슷한 지역을 찾아서 최근 10년 동안의 가격 추이를 살펴보고 상대적으로 서열을 정한 다음에 최근 1년 내의 시세를 통해 어떤 지역의 아파트가 일시적으로 저평가를 받고 있는지 찾을 수 있습니다.

	'23.05	'23.06	'23.07	'23.08	'23.09	'23.10	'23.11	'23.12	'24.01	'24.02
	585,820	585,646	586,025	586,797	587,277	587,806	587,265	586,036	583,773	582,658
	564,614	563,637	564,108	565,157	566,318	567,000	566,946	565,632	564,637	563,090

단위: 천원

강북구 VS 도봉구 아파트 평균 가격 추이 비교　　　　- 출처: 한국부동산원

예를 들어 최근 서울 강북 지역에서 저렴한 시세를 보이는 두 곳이 강북구와 도봉구입니다. 이들 지역은 일정한 갭을 두고 가격이 형성되는데 일정 시점에 두 곳의 가격이 거의 동일해진다면 상대적으로 원래 시세가 높았던 강북구 지역을 보는 것이 유리합니다. 그러면 결국 시간이 지나면서 다시 일정한 갭을 두고 시세가 차이나는 것을 확인할 수 있습니다.

▶ 가격대가 비슷한 아파트 비교

이러한 방식을 통해 일시적으로 저평가된 지역을 찾았다면, 그 지역 안에서도 비슷한 가격대의 아파트를 최소 2개 이상 찾아 지속적으로 비교하는 것이 좋습니다.

다음은 송파구의 대표적인 아파트인 잠실 엘스와 리센츠의 34평 아파트 평

균 가격 변화 그래프입니다. 두 아파트는 서로 우열을 가리기 힘들 정도로
비슷한 가격을 오랫동안 보여왔습니다.

단지1 서울 송파구 잠실동		단지2 서울 송파구 잠실동	
잠실엘스		리센츠	
34평(84.88㎡)		33평(84.99㎡)	
2008년	입주년도	2008년
15년 8개월	연식	15년 10개월
5,678 세대	총세대수	5,563 세대
7,140 만	평당가격 ⑦	7,180 만
45 %	전세가율(%) ⑦	50 %
128,400 만	매매전세갭 ⑦	116,700 만
2.21 %	매매회전율 ⑦	2.73 %

잠실 엘스 VS 리센츠 가격 추이 비교   - 출처: 아실

우리가 두 아파트 가운데 하나를 선택할 수 있는 기준이 되는 시점은 두 아
파트의 가격이 일시적으로 차이를 보일 때입니다. 두 아파트는 오랜 기간동
안 비슷한 입지와 조건에서 비슷한 가격대를 보여왔기 때문에 일시적으로
낮은 시세를 보인 아파트의 가격대는 동일하게 돌아갈 가능성이 크기 때문
입니다.

II
유망 지역 발굴의
기본 원칙

부동산 시장에서 지하철은 매우 중요한 역할을 합니다. 도시의 발전과 함께 인구가 집중된 주거지에 사는 사람들이 일자리와 상업 인프라가 좋은 지역으로 편리하게 이동할 수 있도록 지하철이 들어서게 됩니다. 지하철 개통이나 노선의 선정도 지하철공사에서 진행하는 사업이기 때문에 사업성이 높은 곳에 역이 생깁니다. 수많은 노선이 추진되었다가 좌초되는 이유 역시 대부분 사업성이 나오지 않기 때문입니다.

지하철역과 근접한 지역의 부동산은 교통의 편의성을 갖추고 있기에 주거공간으로 인기가 높습니다. 그리고 지하철 교통이 잘 발달한 지역은 주변 지역과의 접근성이 좋기 때문에 상업용 부동산으로도 긍정적인 영향을 미칩니다. 지하철 노선이 여럿 지나가는 지역은 상업시설이 모여 있는 중심지로서 더욱 높은 부동산 수요를 유발할 수 있기 때문입니다.

▶ 역세권

역세권은 보통 지하철 승강장 경계로부터 500미터 이내인 지역을 말합니다. 역세권 시프트 사업과 같이 1차 역세권은 0~250미터 이내, 2차 역세권

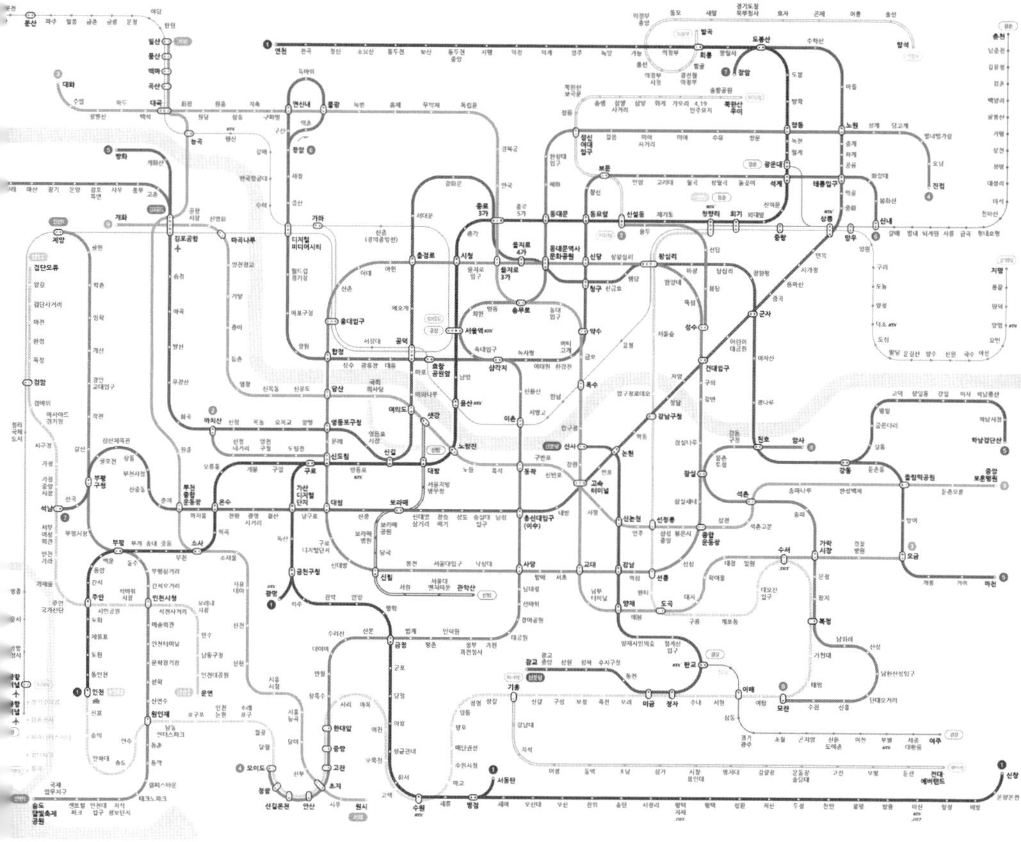

수도권 지하철 노선도

- 출처: 네이버

은 251미터~500미터로 구분하기도 합니다. 이에 따라 상한 용적률 자체가 달라지게 되고, 이는 재개발 및 재건축 시에 지을 수 있는 건물의 높이가 변화하기 때문에 투자 가치에서 큰 차이를 보입니다.

또한 유동인구가 많고 대중교통 이용자가 많은 역사의 경우에는 역세권 개발사업이 활발하게 추진되기 때문에 역세권은 삶의 편리성을 높아지는 것을 넘어 부동산 투자 측면에서도 매우 중요합니다.

구분	1차 역세권					2차 역세권		역세권
현재 용도 지역	제2종 일반 주거지역 (7층 이하 포함)	제3종 일반 주거지역	제2종 일반 주거지역 (7층 이하 포함)	제3종 일반 주거지역	준주거 지역	제3종 일반 주거지역	준주거 지역	준공업 지역
변경 후 용도 지역	제3종 일반주거지역		준주거지역			제3종 일반 주거지역	준주거 지역	준공업 지역
기준 용적률	200	250	200	250	400	250	400	250
상한 용적률	300		500(비중심지)~700(중심지)			300	500	300

역세권 사업 용적률 기준   - 출처: 국토교통부

▶ 일자리까지 이어지는 지하철

부동산 입지의 가치를 평가할 때 교통 편의성이 좋다는 것의 의미는 주요 일자리 권역까지 지하철로 얼마나 빠르게 도달할 수 있을지를 나타냅니다. 보통 대한민국에서 가장 중요한 3대 일자리 권역으로는 강남, 여의도, 종로를 말합니다. 그중에서 가장 중요한 일자리 권역을 하나 꼽는다면 단연 강남이 될 것입니다.

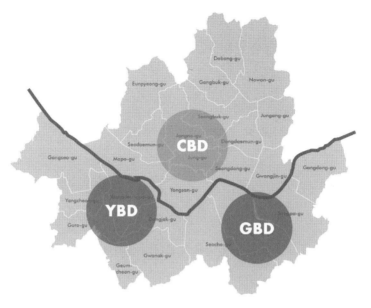

3대 일자리 권역

- 출처: CBRE Korea

강남 GBD

서울 강남구를 중심으로 한 주요 업무 지구인 강남 GBD^{Gangnam Business District} 는 서울의 남부에 위치하며, 다양한 글로벌 기업, 상업 시설, 학원가, 엔터테 인먼트 시설 등이 밀집해 있어 경제적으로 매우 활발한 지역입니다.

> **강남 (GBD) 주요 일자리:** 대기업 본사, IT기업, 법원, 삼성타운

여의도 YBD

여의도 YBD^{Yeouido Business District}는 서울 영등포구 여의도를 중심으로 한 주요

업무 지구입니다. 여의도는 서울의 금융 중심지로, 주요 금융 기관, 방송국 그리고 국회의사당 등이 위치해 있으며, 금융 및 정치의 중심지로서의 역할을 합니다.

> **여의도 (YBD) 주요 일자리:** 국회의사당, 은행, 캐피털, 보험, 방송사

도심권 CBD

도심권 CBD[Central Business District]는 서울 종로를 중심으로 한 주요 업무 지구를 의미합니다. 종로구와 중구 일대를 포함하며 을지로, 종각, 광화문, 서울역까지 이어지는 권역입니다. 이곳은 특히 한국의 정치, 경제, 문화의 중심지로서의 역할을 하고 있어, 부동산 시장에서도 매우 중요한 지역으로 인식됩니다.

> **도심권 (CBD) 주요 일자리:** 다국적기업, 시청, 행정기관, 은행 본사, 호텔

▶ 기타 중요한 일자리 권역

3대 일자리 권역만큼의 규모는 아니지만 수도권에는 부동산 가치에 큰 영향을 미치는 주요 일자리 권역들이 있습니다. 이러한 일자리 권역에 빠르게 도달할 수 있는 것만으로도 부동산 입지로서의 큰 의미를 갖습니다. 따라서 이러한 일자리 권역 인근의 아파트는 인기가 있을 수밖에 없고, 이는 전세와 월

세와 같은 투자 수요가 안정적으로 뒷받침된다는 것을 의미하기도 합니다.

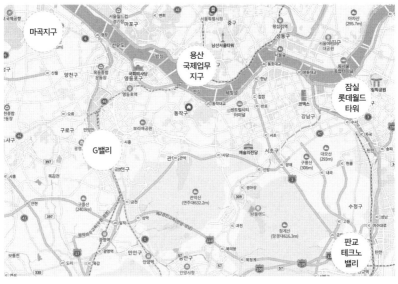

기타 중요한 일자리 권역 위치도

- 출처: 네이버지도

G밸리: 가산디지털단지역, 구로디지털단지역

마곡지구: 마곡나루역

잠실롯데월드타워: 잠실역

용산국제업무지구: 용산역, 신용산역

판교테크노밸리: 판교역

▶ 지하철에도 서열이 있다

서울 지하철 노선들은 모두 나름의 의미가 있지만 하나하나 따져보면 노선

별로 가치는 분명히 다릅니다. 전통적으로 가장 중요하다고 평가받았던 2호

선과 비교적 최근에 개통한 9호선이 강남의 핵심 일자리 권역을 통과하기 때문에 가장 중요한 노선으로 평가받고 있습니다.

그 다음으로 3호선과 7호선을 중요한 노선으로 꼽을 수 있습니다. 결국 지하철 노선의 가치는 주요 3대 일자리 권역인 강남, 여의도, 종로까지 얼마나 편리하게 도달할 수 있는지가 핵심입니다.

지하철 2호선

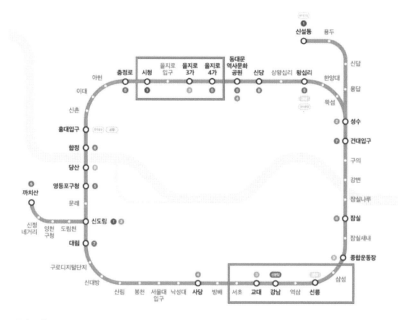

2호선 노선도

전통적으로 2호선은 강남권역과 도심권역을 지나는 노선이기에 가장 가치 있는 노선으로 평가받아 왔습니다. 특히 강남에서도 가장 많은 일자리가 있고 상징성을 가진 강남대로와 테헤란로를 중심으로 강남-역삼-선릉-삼성을 모두 지나기 때문에 압도적인 강점을 갖고 있는 노선입니다.

지하철 9호선

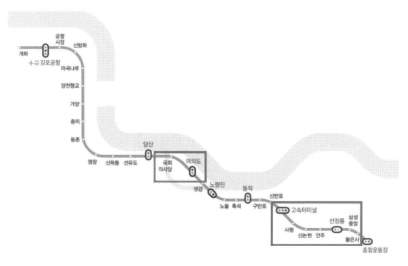

9호선 노선도

9호선은 주요 일자리 권역인 강남과 여의도를 잇는 노선입니다. 또한 신흥 일자리 권역으로 떠오르고 있는 마곡도 지나고 있습니다. 9호선은 다른 노선에는 없는 급행역이 존재하기 때문에 속도 면에서도 큰 강점을 갖고 있습니다. 따라서 부동산 투자의 관점에서는 급행역과 완행역 인근의 아파트 가치도 분명한 차이를 보입니다.

지하철 3호선

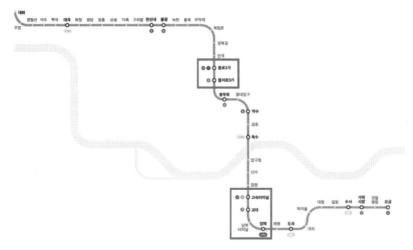

3호선 노선도

3호선은 도심권역과 강남권역을 지납니다. 하지만 아쉬운 점은 강남을 지나긴 하지만 정차하는 역인 고속터미널, 교대, 양재 등이 메인 일자리 권역이 아니기 때문에 2호선과 9호선에 밀리는 것은 물론 상대적으로 일자리 권역에 가까운 7호선보다도 가치가 떨어집니다. 하지만 3호선은 2호선, 7호선, 9호선과의 환승을 통해 강남과 강북 어디로든 빠르게 도달할 수 있다는 강점이 있습니다.

지하철 7호선

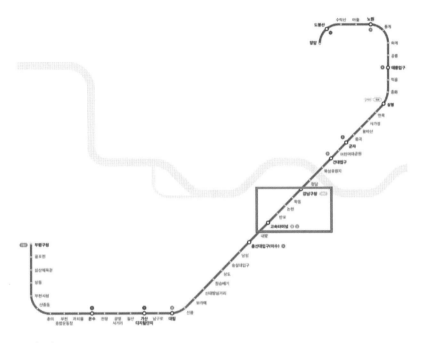

7호선 노선도

7호선은 주요 3대 일자리 권역 중에서 강남권역만을 지나고 있지만 3호선 보다는 상대적으로 일자리가 많은 강남구청-학동-논현을 지나고 있다는 점이 장점입니다. 또한 주목할만한 일자리 권역으로 떠오르는 가산디지털단지(G밸리)를 지나는 것도 장점입니다.

▶ 서울 지하철만큼의 파급력이 있는 2개 광역 노선

서울의 주요 지하철 노선과 함께 주목해야 할 것이 광역철도의 대표적인 노선인 신분당선과 수인분당선입니다. 신분당선과과 수인분당선은 서울과 경기 주요 일자리 권역을 연결해주는 중요한 교통망의 역할을 해주고 있기 때문입니다.

광역철도 신분당선

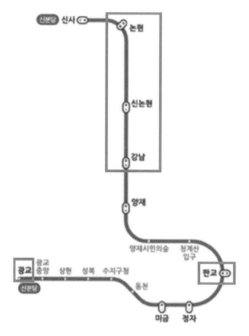

신분당선 노선도

신분당선이 강남과 신논현-논현-신사까지 2023년에 연장되면서 강남권역과 경기도의 고소득 대형 일자리 권역이라고 할 수 있는 판교와 광교가 연결되게 되었습니다. 서울과 경기를 대표하는 일자리 권역을 연결하는 노선인 만큼 광장히 파급력이 높은 노선으로 봐야 합니다.

광역철도 수인분당선

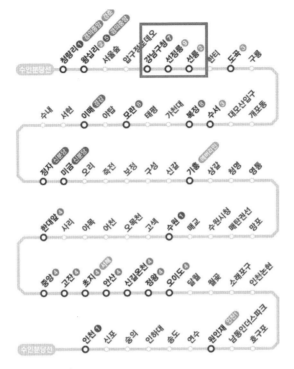

수인분당선 노선도

수인분당선은 수원과 인천을 연결하는 노선으로 분당 지역을 포함하여 무려 63개의 정차역이 있는 장거리 노선입니다. 특히 강남으로의 접근성이 좋지 않았던 수원시, 용인시, 성남시가 모두 수인분당선 개통의 호재를 받고 있습니다.

▶ 출퇴근 시간을 획기적으로 줄여줄 수 있는 노선은 가치가 있다

수도권 광역급행철도 GTX

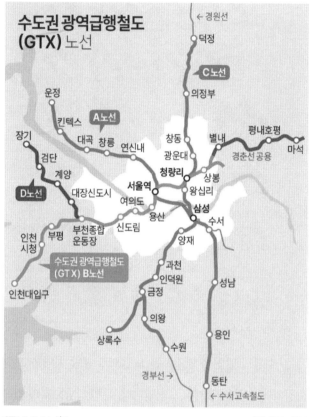

GTX-A, B, C 노선도   - 출처: 국토교통부

GTX는 수도권 광역급행철도의 약자로 수도권의 교통난 해소를 목적으로
계획하고 있는 광역철도입니다. GTX 노선의 가장 큰 목적은 서울과 경기,
인천 등의 수도권 지역으로 고속교통망을 개설하여 대중교통의 접근성을

높이고 출퇴근 시간을 대폭 줄여주는 것입니다.

2024년 3월 GTX-A를 시작으로 본격적인 개통이 시작되었으며, GTX-B, GTX-C 노선도 이미 착공을 시작했습니다. 따라서 GTX의 개통으로 서울의 주요 일자리 권역과 접근성이 좋아지는 것은 큰 호재로 작용할 것입니다.

광역철도 신안산선

신안산선 노선도   - 출처: 국토교통부

신안산선은 서울 여의도와 경기 안산, 화성을 연결하는 교통망 구축 사업입니다. 현재 2025년 개통을 목표로 공사가 진행되고 있으며 노선은 크게 두 개 구간으로 나뉩니다. 1구간은 경기도 안산시 한양대역에서 여의도까지이며, 2구간은 경기도 화성시 송산에서 광명시까지 이어집니다. 이렇게 다양한 지역을 연결하는 신안산선은 수도권 서남부 지역의 교통 편의를 대폭 향상시킬 것으로 기대됩니다.

▶ 교통 호재 상승의 메커니즘

교통 호재가 있다고 해서 무조건 부동산 가격이 상승하는 것은 아닙니다. 보통 3번 정도의 상승 타이밍이 있는데, 이 또한 전제가 되어야 할 것이 부동산 시장이 상승장의 분위기여야 한다는 것입니다.

첫 번째 타이밍은 개통이 발표되는 시기입니다. 공사까지는 최소 5년에서 10년의 시간이 걸릴 수도 있지만 개통을 하겠다는 발표가 기대감을 증폭시

키기 때문에 가격이 오를 수 있습니다. 대표적으로는 GTX-C 노선의 발표로 16억 원을 뛰어넘는 신고가를 배출한 인덕원 인근이 있습니다.

두 번째 타이밍은 착공을 시작한 시점으로 시장의 분위기가 좋으면 가격 상승으로 이어집니다. 하지만 지금은 아직 상승장의 분위기가 아니기 때문에 GTX-B 노선이 착공을 시작했다는 소식에도 시장은 별다른 반응을 보이지 않았습니다.

세 번째 타이밍은 개통과 함께 입소문이 나는 시기입니다. 지금까지 없었던 지하철 노선의 신설 또는 연장으로 주요 일자리 권역으로의 이동 시간이 많이 줄어들면, 이용자를 통해 편리함이 많이 알려지게 되어 관심도가 크게 올라갑니다. 지난 9호선 개통으로 단숨에 황금 입지로 가치가 올라간 마곡나루, 흑석과 같은 곳이 대표적인 예입니다.

▶ 일자리 수가 중요한 이유

일자리 수가 부동산 시장에 미치는 영향을 매우 큽니다. 우선 일자리의 증가는 주거지의 수요와 가치를 높입니다. 산업이 활성화되고 기업이 유치됨에 따라 인구가 증가하고 자연스럽게 주거 공간에 대한 수요가 증가하기 때문입니다. 이는 결국 부동산 시장에서 주택 가격의 상승을 불러옵니다.

해당 지역의 고용이 늘어나고 사람들이 모이니 소비가 증가하고, 이는 지역 경제의 활성화로 이어집니다. 지역 경제가 활성화되니 해당 지역의 세금도 더 많이 확보되고 이렇게 확보된 세금은 정비사업 및 환경 조성, 인프라 투자 등으로 이어져 더 많은 인구를 유입시키는 선순환의 효과를 불러옵니다.

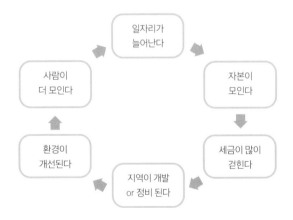

▶ 전국의 일자리 순위

당연히 서울이 압도적으로 많은 일자리를 보유하고 있습니다. 서울에는 대부분의 대기업 본사와 외국계 기업의 지사가 위치하고 있기 때문에 평균 연봉도 전국에서 가장 높은 수준을 보여줍니다. 일자리가 많이 몰려 있기 때문에 교통, 인프라 등도 시간이 갈수록 좋아지고 있습니다.

1	서울	3,648,857개
2	경기	2,464,409개
3	경남	518,248개
4	부산	449,591개
5	경북	444,208개
6	충남	426,347개
7	인천	424,658개
8	전남	312,715개
9	충북	299,785개

전국 일자리 순위 　 - 출처: 아실

서울에 이어 경기가 2위의 일자리 수를 기록하고 있습니다. 경기도에는 용인, 화성, 평택, 광교 등을 중심으로 반도체와 제조업이 자리잡고 있기 때문에 양질의 일자리가 많고 평균 연봉 또한 높은 편입니다.

서울과 경기 뒤로는 전통적인 제조업이 많이 밀집된 경남, 부산, 경북이 자리하고, 최근 인구와 일자리가 계속 늘어나고 있는 충남과 충북이 그 뒤를 잇고 있습니다.

▶ 서울의 일자리 순위

서울의 일자리는 3대 일자리 권역인 강남, 여의도, 종로 및 중구에 가장 많은 일자리가 있지만, 지난 몇 년 간 마곡산업단지에도 많은 일자리가 만들어졌기 때문에 강서도 높은 순위를 보이고 있습니다. 이와 마찬가지로 용산국제업무지구에도 앞으로 더 많은 일자리가 창출될 것으로 예상됩니다.

특히 금천과 구로는 부동산 가격이 상대적으로 저렴하지만 G밸리로 대표되는 일자리가 꽤 많이 받쳐주기 때문에 앞으로 교통 호재가 실현되는 시점에는 상승 여지가 많다고 볼 수 있습니다.

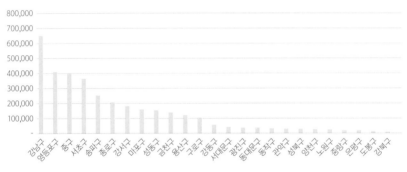

서울시 구별 일자리 순위　　　　　　　　　　　　　　　　　　- 출처: 국민연금공단

▶ 경기의 일자리 순위

경기도에는 삼성전자, SK하이닉스, 쿠팡 물류센터 등 대형 제조업과 유통망을 중심으로 많은 일자리가 있습니다. 화성, 수원, 평택 등에는 삼성전자의 캠퍼스들이 위치하고 있어 고소득의 일자리가 많은 것이 특징입니다.

특히 일자리 수 2위를 기록하고 있는 성남에는 판교테크노밸리로 대표되는 고소득 일자리가 많이 있기 때문에 인근 분당의 아파트가 높은 가격대를 보이고 있습니다. 다만 경기도는 일자리의 편차가 매우 크고 앞으로도 화성, 용인, 평택 등을 중심으로 일자리가 집중될 것으로 보인다는 점을 유의해야 합니다.

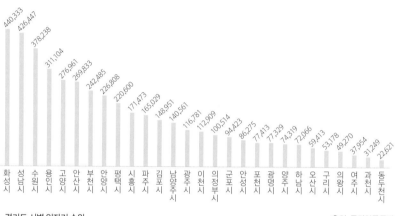

경기도 시별 일자리 순위

- 출처: 국민연금공단

▶ 평균 연봉이 높은 곳을 주목해야 한다

사람들은 출퇴근 시간을 아끼기 위해 일자리 인근의 부동산에 관심을 갖게 됩니다. 따라서 대형 일자리, 고소득 일자리가 많을수록 주변에 살기 좋은 환경으로 아파트 단지가 조성됩니다. 소득 수준이 높은 사람들이 많아지면 주변의 인프라 역시 자연적으로 좋아질 수밖에 없습니다.

전국적으로 평균 연봉이 가장 높은 곳은 현대자동차 공장이 위치한 울산광역시이고 서울시와 경기도가 그 다음 순위를 차지합니다. 서울에서도 25개 구별로 상이한 차이를 보이기 때문에 가능한 대형 일자리가 밀집해 있고, 평균 연봉이 높은 지역에 투자하는 것이 안전한 선택이 될 수 있습니다.

서울의 경우 대기업이 많이 위치해 있고, 특히 고소득 일자리가 밀집된 여의도, 강남, 서초의 연봉이 가장 높은 것을 알 수 있습니다. 따라서 공급은 제한적인데 진입하려는 수요는 많은 이런 지역의 아파트들은 비싸게 거래될 수밖에 없습니다.

	전국 평균 연봉				서울 Top 9 평균 연봉	
1	울산	4,626만 원		1	영등포구	5,138만 원
2	서울	4,595만 원		2	서초구	4,954만 원
3	경기	4,516만 원		3	강서구	4,608만 원
4	충남	4,444만 원		4	강동구	4,589만 원
5	경북	4,431만 원		5	강남구	4,585만 원
6	대전	4,321만 원		6	용산구	4,386만 원
7	전남	4,283만 원		7	마포구	4,315만 원
8	경남	4,278만 원		8	송파구	4,277만 원
9	인천	4,244만 원		9	성동구	4,241만 원

전국 평균 연봉 - 출처: 리치고   서울 Top 9 평균 연봉 - 출처: 리치고

▶ 일자리가 늘어나는 지역

- **서울**: 용산, 삼성, 창동, 마곡
- **경기**: 평택, 화성, 용인
- **인천**: 송도, 청라
- **지방**: 아산, 천안, 당진, 청주, 세종

일자리 창출은 기업과 정부가 함께 공동의 사업으로 진행됩니다. 따라서 사람들을 위한 배후 주거지, 기업이 사업을 운영하기 좋은 지역, 대규모 일자리 창출이 가능한 지리적 위치 등을 종합적으로 고려하여 일자리 창출 사업이 추진됩니다.

서울에는 빈 택지가 거의 없기 때문에 정비사업 등을 통한 용적률 완화, 토지 용도 변경 등을 통해 대규모 일자리가 새롭게 창출되기도 합니다. 대표적인 사례가 과거 농경지였다가 지금은 서울에서 손꼽히는 일자리 권역으로 탈바꿈한 마곡지구입니다.

그 밖에도 용산국제업무지구, 삼성동 현대자동차 사옥 부지인 GBC(글로벌 비즈니스 센터) 등에서 알 수 있듯이 일자리 수요가 가장 많은 서울에서도 일자리 창출을 위한 노력이 계속되고 있습니다.

▶ 국가첨단산업 육성 전략 계획

2023년 정부는 반도체, 디스플레이, 2차전지, 바이오, 미래차, 로봇 등 미래

첨단산업 육성을 위해 전국에 15개 곳. 4,076만㎡ 규모의 국가첨단산업단지 후보지를 발표했습니다.

국가산업단지로 지정될 경우 인허가 신속 처리, 기반시설 구축, 세액 공제 등에서 많은 혜택이 제공됩니다. 정부는 개발계획 수립부터 신속 예비타당성 조사 절차, 인허가 사전 협의로 사업기간을 대폭 단축하겠다는 입장입니다.

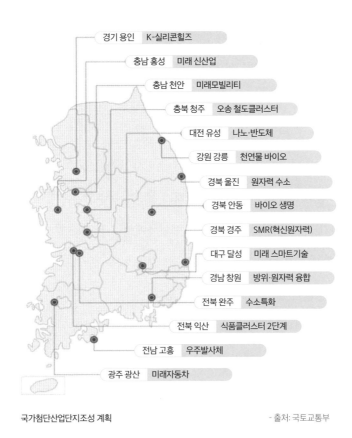

경기 용인　K-실리콘힐즈
충남 홍성　미래 신산업
충남 천안　미래모빌리티
충북 청주　오송 철도클러스터
대전 유성　나노·반도체
강원 강릉　천연물 바이오
경북 울진　원자력 수소
경북 안동　바이오 생명
경북 경주　SMR(혁신원자력)
대구 달성　미래 스마트기술
경남 창원　방위·원자력 융합
전북 완주　수소특화
전북 익산　식품클러스터 2단계
전남 고흥　우주발사체
광주 광산　미래자동차

국가첨단산업단지조성 계획　　　　- 출처: 국토교통부

산업분야	예산 투자	사업 계획
반도체	340조 원	2042년까지 세계 최대 반도체 메가클러스터 구축 경기도 용인의 기존단지와 신규 국가산단 연계해 조성 팹 5개, 소부장 및 팹리스 기업 150개 유치 한국형 imec 구축해 연구개발·인재 양성 지원
디스플레이	62조 원	디스플레이 분야 세계 1위탈환 국가전략기술로 지정해 세제·금융 지원 투명, 확장현실(XR), 차량용 등 유망분야 실증
2차전지	39조 원	2차전지 세계1위 도약 국내배터리 생산용량 60GWh 이상 확보 2030년까지 민·관 20조원 투자 핵심광물 관련 글로벌 광물 수급지도 개발
바이오	13조 원	바이오의약품 제조역량 세계 1위 달성 민간투자 지원 및 연 2,000명 이상 인력 양성
미래차	95조 원	미래차 글로벌 3강 도약 전기차 생산규모 5배 확대, 미래차 전환
로봇	1.7조 원	글로벌 첨단 로봇 제조국 진입 규제개선 및 실증으로 로봇 친화적 환경 조성

인구수는 해당 지역 부동산의 수요 및 공급에 다방면으로 영향을 미쳐 부동산 가격 형성에 중요한 역할을 합니다. 특히 다가오는 미래에 부동산 투자의 가치는 인구의 변화에 큰 영향을 받을 수밖에 없습니다. 인구가 증가하는 지역의 부동산은 안전한 투자처로 인식되겠지만, 인구가 감소하는 지역은 수요의 감소로 부동산 가치에 부정적인 영향을 미치게 됩니다.

인구수는 지역 경제에도 영향을 미칩니다. 인구가 많은 지역은 상업 시설, 교육 시설, 교통 인프라 등의 발전이 빠르겠지만, 인구가 적은 지역은 현존하는 시설의 유지보수에도 어려움을 겪을 수밖에 없습니다.

재개발 및 재건축 정비사업의 관점에서도 빈 택지가 많거나 인구가 줄어드는 지역에서는 사업이 제대로 진행되기 어렵습니다. 따라서 우리는 최근 몇 년간 그리고 꾸준하게 인구가 증가하는 지역을 잘 살펴봐야 합니다. 다만, 서울과 같이 인구가 감소하는 지역은 수요의 감소로 보기보다는 너무 비싸진 집값으로 인해 경기도나 인천으로 유출되는 인구가 많다는 점에 주목해야 합니다.

1	세종	387,193명(+27,624명) ▲ 7.68%
2	인천	3,003,150명(+61,445명) ▲ 2.09%
3	경기	13,639,616명(+167,858명) ▲ 1.25%
4	충남	2,131,309명(+11,767명) ▲ 0.56%
5	제주	673,665명(-1,472명) ▼ 0.22%
6	충북	1,590,947명(-8,175명) ▼ 0.51%
7	강원	1,524,624명(-16.251명) ▼ 1.05%
8	대전	1.441.536명(-20,528) ▼ 1.40%
9	대구	2,372,008명(-41,183명) ▼ 1.71%
10	광구	1,417,031명(-30,922명) ▼ 2.14%
11	전남	1,800,352명(-49,443명) ▼ 2.67%
12	서울	9,386,705명(-261,901명) ▼ 2.71%

지역별 인구 증감률   - 출처: 리치고

부동산 시장에서는 학군이 매우 중요한 요소로 인식됩니다. 좋은 학군은 많은 부모들에게 주거지 선택의 중요한 결정 요인 중 하나로 여겨지며, 이는 부동산 가격에도 직접적인 영향을 미칩니다. 우수한 학군을 갖춘 지역의 부동산은 주변 지역에 비해 높은 수요로 부동산 가격이 상승하게 됩니다.

우리나라와 같이 전 세계에서 학구열이 높고, 출산율이 0.6명대로 떨어져 자녀 한 명당 사교육비가 사상 최고치를 찍는 시점에서는 특히 좋은 학교가 밀집해 있고 대형 학원가가 인근에 형성된 지역의 부동산 가치는 높아질 수밖에 없습니다.

▶ 중학교 학업성취도

초등학교, 중학교, 고등학교 중에서 가장 주목할 것은 중학교입니다. 대학 진학의 관점에서 중학교가 점점 중요해지고 있기 때문입니다. 가장 많은 변수가 발생하는 사춘기 중학교 시절을 어떻게 보내는지도 중요하지만, 자사고와 외고 같이 원하는 특목고에 지원할 수 있는 고등학교와 달리 중학교는 주소지에 따라 자동 배정이 되기 때문입니다.

같은 지역이라도 학업성취도가 좀 더 높은 중학교에 배정되는 아파트 단지가 다른 단지에 비해 높은 가격을 형성합니다. 따라서 해당 지역의 중학교 학업성취도 순위를 찾아보며, 내가 관심 갖고 있는 아파트에서 어떤 중학교로 배정되는지를 비교하며 살펴볼 필요가 있습니다. 중학교에 진학하는 자녀가 없더라도 부동산 투자의 관점에서 주목해야 합니다.

| 순위 | 위치 | 학교명 | 응시지수 | 국가수준 학업성취도 평가(보통학력이상) | | | | 진학률 | | |
				평균	국어	영어	수학	특목고 진학률	특목고 진학수 (과학고/외고국제고)	졸업자수
1	광진구 중곡동	대원 국제중학교	164명	100.0%	100.0%	100.0%	100.0%	27.1%	44명 (7명/37명)	162명
2	강북구 미아동	영훈 국제중학교	157명	98.3%	987%	100.0%	96.2%	27.6%	45명 (4명/41명)	163명
3	강남구 수서동	대왕 중학교	298명	97.6%	99.0%	97.7%	96.3%	1.8%	5명 (1명/4명)	265명
4	광진구 광장동	광남 중학교	389명	97.6%	99.0%	97.2%	96.7%	7.7%	28명 (10명/18명)	363명
5	강남구 압구정1동	압구정 중학교	152명	97.6%	98.7%	98.0%	96.1%	8.8%	11명 (1명/10명)	124명
6	송파구 방이동	오륜 중학교	269명	97.2%	98.9%	98.5%	94.4%	7.4%	13명 (0명/13명)	175명
7	강남구 대치동	대청 중학교	329명	97.1%	97.0%	98.8%	95.7%	3.8%	12명 (3명/9명)	315명
8	양천구 목동	목운 중학교	484명	96.4%	98.4%	96.9%	94.0%	6.0%	27명 (8명/19명)	449명
9	양천구 목동	월촌 중학교	501명	95.8%	97.4%	96.2%	93.8%	5.1%	23명 (5명/18명)	450명
10	서초구 서초동	서운 중학교	348명	95.5%	99.1%	95.7%	91.9%	2.9%	9명 (2명/7명)	307명
11	강남구 대치동	대명 중학교	343명	95.2%	97.7%	97.4%	90.7%	3.8%	12명 (2명/10명)	313명
12	양천구 목동	신목 중학교	540명	95.0%	97.4%	94.6%	93.2%	3.9%	19명 (3명/16명)	479명

서울 Top12 중학교 학업성취도 순위   - 출처: 아실

▶학원가

대한민국의 부모들은 전 세계 어느 나라의 부모보다 자녀의 교육에 많은 관심을 갖고 있습니다. 자녀의 학업 성적을 높이기 위해 대부분 학원을 보내기 때문에 학원이 많은 지역은 부모들에게 더 나은 교육환경이 제공된다고 여겨집니다.

결국 잘 발달된 학원가는 해당 지역 부동산에 대한 수요로 이어집니다. 학원이 많은 지역의 부동산은 장기적으로 가치가 잘 유지되고, 실수요자가 꾸준히 안정적으로 유입된다는 특징이 있어 계속 성장할 수 있는 잠재력이 있다고 판단됩니다.

서울의 대표적 학원가

서울 강남구: 대치동   **노원구:** 중계동

서초구: 반포동   **양천구:** 목동

송파구: 방이동   **마포구:** 대흥동

광진구: 구의동   **강서구:** 내발산동

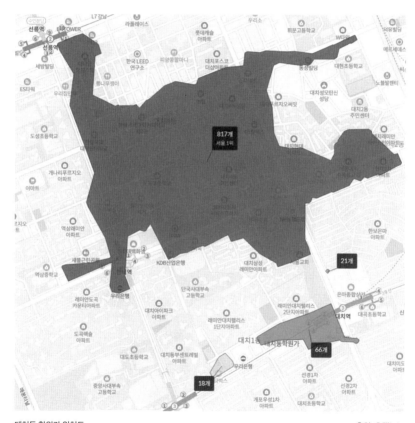

대치동 학원가 위치도   - 출처: 호갱노노

경기도 대표적인 학원가

고양: 일산동(후곡마을), 마두동(백마마을)

분당: 수내역~정자역

안양: 평촌동

용인: 수지구청역~보정동

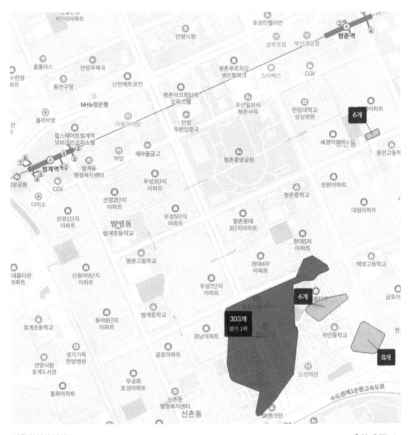

평촌 학원가 위치도

- 출처: 호갱노노

▶의대 합격자수

최근 들어 의대 증원이 사회적 이슈가 되고 있지만 앞으로 의대 정원이 늘어나는 것은 대세 흐름이 될 것입니다. 전문직 중에서도 가장 고소득을 보장하는 직업이기 때문에 학교의 위치에 관계없이 의대에 진학하려는 수요는 점점 늘어나고 있습니다.

따라서 대학 합격자수를 볼 때는 의대 합격자수와 서울대 합격자수를 함께 봐야 합니다. 의대 합격자수를 찾아보면 서울시 그중에서도 강남 권역이 가장 많은 의대 합격자를 배출하는 것을 확인할 수 있습니다.

서울특별시(34)	부산광역시(7)	대구광역시(13)	인천광역시(1)	광주광역시(11)
대전광역시(6)	울산광역시(2)	세종특별자치시(0)	경기도(12)	충청북도(0)
충청남도(3)	전라남도(4)	경상북도(4)	경상남도(2)	제주특별자치도(1)
강원특별자치도(0)	전북특별자치도(10)			

2022년 지역별 의대합격자 5인이 배출 학교 수 　　　　　　　　　 - 출처 : 아파트투미

▶ 서울대 합격자수

지금은 의대 선호도가 가장 높지만 그래도 여전히 서울대 출신이라는 명성은 여전합니다. 수시의 비중이 높아졌지만 여전히 서울대 합격자를 가장 많이 배출하는 곳은 서울이며, 그중에서도 강남구의 비중이 가장 높습니다. 이런 지역에는 학업성취도가 높은 중학교, 고등학교, 학원가가 모두 위치해 있기 때문입니다.

서울특별시(37)	부산광역시(3)	대구광역시(5)	인천광역시(9)	광주광역시(3)
대전광역시(4)	울산광역시(1)	세종특별자치시(0)	경기도(27)	충청북도(3)
충청남도(5)	전라남도(1)	경상북도(4)	경상남도(3)	제주특별자치도(1)
강원특별자치도(1)	전북특별자치도(1)			

2024년 지역별 서울대 합격자 5인이상 배출 학교 수

- 출처: 아파트투미

교통과 일자리만큼은 아니지만 입지 분석에서 주변 인프라는 중요합니다. 부동산의 본질적인 가치는 투자의 대상이 아닌 실거주의 가치에서 나오기 때문에 편리하고 쾌적한 삶을 누릴 수 있도록 해주는 인프라는 부동산 가치에 매우 큰 영향을 미칩니다. 그중에서 편리한 삶을 살아가는 데 필요한 상업시설과 코로나 이후 더 중요성이 강조되는 녹지공간의 가치는 점점 커지고 있습니다.

백화점, 복합쇼핑몰 등의 상업시설이 가까울수록 부동산의 가치는 상승하는 경향을 보입니다. 이러한 상업시설들은 일자리를 창출하고 소비를 촉진시킴으로써 지역 경제를 활성화하는데 중요한 역할을 합니다. 또한 다양한 상업시설이 집중된 지역은 자연스럽게 교통, 교육, 의료 등 다양한 인프라가 발달하게 되어 부동산 가치가 지속적으로 높아지게 됩니다.

▶ 최고의 상업시설 가치, 슬세권

슬리퍼를 신고 백화점 등을 편하게 이용할 수 있는 지역을 뜻하는 슬세권이 코로나 이후 가치가 높아지고 있습니다. 백화점, 대형마트, 복합쇼핑몰은 유동인구 및 소비수준이 철저하게 검증된 지역에 들어옵니다. 특히 주거지 주변에 도보로 원스탑 쇼핑을 할 수 있는 대형 쇼핑시설이 있다는 것은 정말 큰 장점이 됩니다.

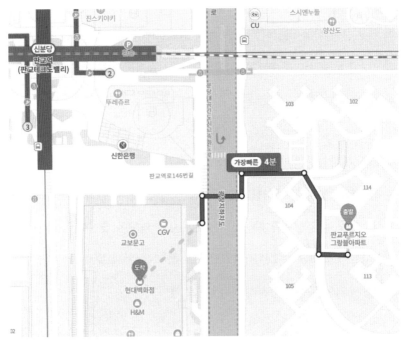

판교푸르지오그랑블 위치도

- 출처: 네이버지도

▶ 백화점, 대형마트, 복합 쇼핑몰

한 곳에서 원스탑 쇼핑을 즐길 수 있는 시설이 들어온다는 것은 해당 지역의 부동산 가치를 끌어올리는 호재가 됩니다. 특히 자녀를 키우는 학부모들은 쇼핑, 여가 생활, 키즈 관련 시설을 한번에 누릴 수 있는 백화점과 복합쇼핑몰에서 시간을 보내는 것을 선호합니다.

▶ 식당, 술집, 유흥, 먹자골목

반대로 먹고 마시는 유흥상권은 주거지에서 가까울수록 단점이 됩니다. 특히나 대한민국의 부동산에서 학군이 갖는 의미가 상당하기 때문에 유흥시설 및 먹자골목이 가깝다는 것은 학령기 자녀를 키우는 학부모들에게 좋은 선택지가 되지 않기 때문입니다.

▶ 문화, 역사, 관광지

유흥상권은 주거지의 가치를 떨어트리는 요인이지만 가로수길, 도산공원, 연남동, 성수동과 같이 다양한 콘텐츠와 스토리가 있는 핫플레이스 상권이 가까이 있다는 것은 상업 인프라 이용을 많이 하는 젊은 수요층에게는 호재가 되는 경우가 많습니다.

6. 자연환경 프리미엄 분석

자연환경이 부동산 시장에서 차지하는 중요성은 점차 커지는 상황입니다. 자연환경은 건강, 안전 그리고 주거 환경에 대한 인식에 영향을 미치는 중요한 요소입니다. 따라서 아름다운 자연 경관, 공원, 호수, 산책로 등이 주변에 위치해 있으면 부동산의 가치는 높아질 수밖에 없습니다.

코로나19 이후로 자연환경에 대한 중요성은 더욱 커지고 있으며, 좋은 자연환경을 보유한 주거지역의 가치는 앞으로도 계속 높아질 것입니다.

▶ 녹지비율

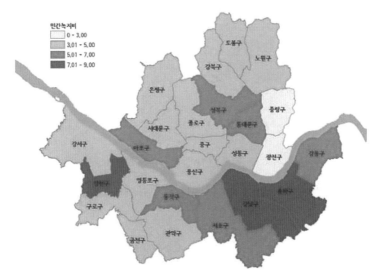

서울시 구별 녹지 비율   - 출처: 환경부

해당 자료는 서울시의 녹지 비율을 나타낸 지도로 색상이 진해질수록 해당 구의 면적에서 녹지가 차지하는 비율이 높은 것을 의미합니다. 강남구와 송파구의 경우에는 일자리와 상업시설이 잘 조성되어 있음에도 가장 높은 녹지 비율을 보이고 있으며, 목동 학원가의 상징인 양천구도 높은 녹지 비율을 보입니다.

부동산 가격과 녹지 비율이 완벽한 상관관계를 나타낸다고 볼 수는 없으나 주거지 인근에 자연환경이 좋다는 것은 살기에 좋다는 것을 의미합니다.

▶한강

반포동 아크로리버파크 한강뷰

한강은 서울의 대표적인 자연환경으로 단순히 공원의 개념이 아닌 엄청난 프리미엄과 상징성을 갖습니다. 같은 단지, 같은 동의 경우에도 한강 조망이 가능한지에 따라 수억 원의 차이가 나는 것은 한정된 공간의 서울에서 누릴 수 있는 자연환경의 인프라가 제한적인데 수요층은 매우 많기 때문입니다.

그렇기 때문에 한강변 라인을 따라 있는 강서구, 마포구, 영등포구, 동작구, 서초구, 송파구, 강동구 등의 가치가 계속 높아질 수밖에 없고, 한강 조망 또는 한강을 도보로 접근할 수 있는 아파트 단지는 희소성 때문에 가격 상승이 더 클 수밖에 없습니다.

▶ 호수공원

광교호수공원 전경

부동산 시장에서는 자연적으로 형성된 공원보다는 신도시에 조성된 인공호수공원이 더 선호도가 높습니다. 신도시 개발사업을 성공시키기 위해 도시

계획 단계부터 이러한 호수공원이 조성되고, 호수와 녹지가 어우러진 모습을 많은 사람들이 원하기 때문에 인공호수공원 인근의 주거 만족도는 굉장히 높습니다.

따라서 이러한 신도시에서는 호수공원 조망권을 갖추거나 호수공원을 도보로 이용할 수 있는 단지의 가격이 가장 높게 형성됩니다.

▶ 고속도로 지하화에 따른 상부 공원화의 호재를 주목할 것

경부고속도로 지하화 공원 개념도　　　　　　　　　　　　　- 출처: 서초구청

현재 서울에는 용산민족공원을 제외하곤 인공적으로 조성할 수 있는 대형 공원 부지가 거의 없습니다. 그런 면에서 고속도로를 지하화하고 지하차도의 상부 공간을 공원화, 녹지화하는 사업에 주목할 필요가 있습니다.

대표적으로 경부고속도로 지하화와 국회대로 지하화가 있습니다. 도로 교통 측면에서도 호재가 되겠지만 인근의 단지들에게는 소음과 먼지 등의 큰 불편함이 단숨에 해결되면서 주변에 대형 공원이 조성되기 때문에 큰 호재라고 할 수 있습니다. 하지만 워낙 대형 공사이기 때문에 완공까지 시간이 매우 오래 걸릴 것으로 예상되어 공사 진척 상황과 준공 시기를 계속 살펴볼 필요가 있습니다.

7. 재개발 및 재건축 정비사업

재개발 및 재건축 정비사업은 기존에 사용되고 있는 토지나 건물을 부수고 새로운 시설로 변경하거나 개발하는 과정을 말합니다. 좀 더 쉽게 설명하면 재개발은 노후화된 지역 일대를 철거하고 새로운 택지로 변모시키는 사업이고, 재건축은 노후화된 건축물만 철거한 후 새로운 아파트를 짓는 사업입니다.

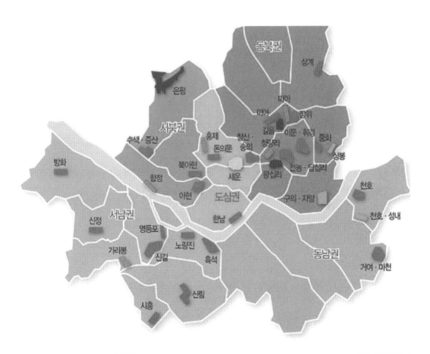

서울 주요 뉴타운 재개발 사업 현황

- 출처: 국토교통부

이러한 재개발 및 재건축 정비사업으로 낙후된 지역과 노후화된 건축물이 새로운 택지와 신축 아파트로 변모하기 때문에 지역의 인프라와 시설이 발전됩니다. 이는 지역의 경관을 개선하고 지역의 이미지와 가치를 높여주는 데 중요한 역할을 합니다.

재개발 및 재건축과 관련하여 우리는 노후계획도시 특별법과 신속통합기획을 주목해야 합니다.

▶ 노후계획도시 특별법

노후계획도시 특별법은 노후된 도시의 주거 환경을 개선하기 위해 도시 조성이 20년 이상 경과하고 면적이 100만㎡ 이상인 택지에 대하여 정비사업 규제를 완화하는 법으로 2024년 4월부터 시행될 예정입니다.

선두지구 지정 기준

1) 주민 참여도: 토지 등 소유자간 공감대를 형성하여 사업의 실현 가능성이 높은 지역

2) 노후도 및 주거 불편: 건축물 노후화와 편의시설 부족으로 정주환경 개선이 시급

3) 도시 기능 향상: 기반시설, 공공시설이나 자족용지 제공으로 도시 기능 향상에 기여

4) 확산 가능성: 생활권 내 주요 거점으로서 사업 추진 시 파급효과가 큰 지역

선정지 혜택

1) 용적률 상향

2) 건축규제완화 (건축물 종류, 건폐율, 건축물 높이, 공원, 녹지확보 기준)

3) 안전진단 완화

재건축 패스트트랙 절차

- 출처: KB부동산 보고서

노후계획도시 특별법은 1기 신도시 특별법으로 불릴 정도로 특별법 탄생의 시발점은 분당, 일산, 평촌, 산본, 중동 등 1기 신도시와 밀접한 관계가 있습니다. 신도시가 조성된 지 30년이 되어가는 1기 신도시의 재건축 및 재개발을 지원하는 특별법으로 1기 신도시의 재건축 및 재개발 진행 상황을 지켜볼 필요가 있습니다.

1기 신도시 이외에도 서울과 경기에 노후계획도시 특별법의 적용을 받을 수 있는 대상지가 많습니다. 모두 재건축이 될지는 모르겠지만 교통망과 일자리에서 뛰어난 입지에 있고 재건축 진행 상황이 빠른 지역을 선별하여 주목할 필요가 있습니다.

1기 신도시 정보

구분	분당	일산	평촌	산본	중동
면적(㎢)	19.6	15.7	5.1	4.2	5.5
건설 호수	97,600	69,000	42,000	42,000	42,000
평균 용적률	184%	169%	204%	205%	226%
최초 입주	1991. 9	1992. 8	1992. 3	1992. 4	1993. 2

서울, 경기 노후계획도시 특별법 적용 대상지

지자체	지역	지자체	지역	지자체	지역
서울	개포	경기도	수원 매탄1	경기도	의정부 송산
서울	목동	경기도	수원 정자	경기도	오산 운암
서울	고덕	경기도	수원 천천2	경기도	고양 행신
서울	상계	경기도	용인 수지	경기도	구리 교문, 토평, 인창
서울	중계	경기도	용인 수지2	경기도	용인 기흥
서울	중계2	경기도	평택 안중	경기도	평택 비전, 합정
서울	수서	경기도	하남 신장	경기도	수원 권선, 매탄
서울	신내	경기도	고양 중산	경기도	평택 송탄
경기도	고양 일산	경기도	성남 분당	경기도	부천 중동
경기도	안양 평촌	경기도	군포 산본	경기도	수원 영통
경기도	부천 상동	경기도	광명 하양	경기도	고양 화정
경기도	광명 철산	경기도	의정부 금오	경기도	고양 능곡
경기도	안양 포일	경기도	안산 반월국가산단	경기도	-

▶ 신속통합기획

신속통합기획은 정비계획 수립단계에서 서울시가 공공성과 사업성의 균형을 이룬 가이드라인을 제시하고, 신속한 사업추진을 지원하는 공공지원 계획입니다.

일반적인 재개발 사업의 절차를 대폭 완화하고 민관이 주도하여 정비사업을 신속하게 진행할 수 있도록 하고 있습니다. 재개발 정비사업은 사전검토 요청부터 정비구역 지정까지 보통 5년의 시간이 소요되는데 신속통합기획이 도입됨으로써 이 기간을 3년 정도로 줄일 수 있습니다.

현행 5년	6개월		12개월	10개월	20개월	12개월
	사전검토요청 (자치구)	사전검토 (자치구)	사전타당성조사 (자치구)	기초생활권계획수립 (자치구)	정비계획수립 (자치구)	정비구역지정 법적 절차

변경 안 2년	4개월		14개월	6개월
	사전검토요청 (자치구)	사전검토 (자치구)	신속통합기획 + 정비계획 (서울시 + 자치구)	정비구역지정 법적 절차

2021년 서울에 21개 구역이 선정되었고, 2022년에는 25개 구역이 추가로 선정되었습니다. 2023년부터는 수시 선정으로 바뀌게 됨에 따라 6개의 구역이 추가로 선정되었습니다.

신속통합기획 1차 선정지

	위치		면적(㎡)		위치		면적(㎡)
1	종로구	창신동 23/숭인동 56	84,354	12	마포구	공덕동 A	82,320
2	용산구	청파 2구역	83,788	13	양천구	신월7동 1구역	115,699
3	성동구	마징동 382 일대	18,749	14	강서구	방화 2구역	34,906
4	동대문구	청량리동 19 일대	27,981	15	구로구	가리봉 2구역	37,672
5	중랑구	면목동 69-14 일대	58,540	16	금천구	시흥동 810 일대	38,859
6	성북구	하월곡동 70-1 일대	79,756	17	영등포구	당산동6가	31,299
7	강북구	수유동 170 일대	12,124	18	동작구	상도 14구역	50,142
8	도봉구	쌍문동 724 일대	10,619	19	관악구	신림 7구역	75,600
9	노원구	상계5동 일대	192,670	20	송파구	마천 5구역	105,101
10	은평구	불광동 600 일대	13,004	21	강동구	천호A 1-2구역	30,154
11	서대문구	홍은동 8-400 일대	71,860				

신속통합기획 2차 선정지

위치			면적(㎡)	위치			면적(㎡)
1	종로구	창신 9구역	133,845	14	은평구	산새마을	48,822
2	종로구	창신 10구역	81,370	15	은평구	편백마을	61,946
3	용산구	서계동 통합구역	112,599	16	서대문구	남가좌2동 일대	76,569
4	성동구	사근동 293 일대	28,465	17	양천구	목2동 232 일대	21,161
5	광진구	자양4동 통합구역	139,130	18	구로구	고척동 253 일대	62,239
6	동대문구	용두 3구역	24,957	19	구로구	가리봉동 1구역	90,875
7	동대문구	답십리동 471 일대	102,735	20	금천구	독산시흥구역	79,341
8	중랑구	상봉 13구역	45,598	21	영등포구	대림 1구역	42,505
9	성북구	종암동 3-10 일대	25,351	22	동작구	사당4동	26,177
10	성북구	석관동 62-1 일대	62,086	23	동작구	상도 15구역	126,218
11	강북구	번동 441-3 일대	32,877	24	관악구	신림 5구역	160,392
12	강북구	미아동 791-2882 일대	140,696	25	송파구	마천 2구역	79,069
13	도봉구	방학 3구역	72,533				

수시공모 선정지

No	지역	구역	면적(㎡)
1	중랑구	면목동 172-1일대	47,798
2	성북구	종암동125-35일대	31,295
3	서대문구	홍제동 267-1일대	28,270
4	동대문구	전농동 152-65일대	71,738
5	성북구	성북동 3-38일대	67,308
6	마포구	망원동 416-53일대	78,694

- 출처:서울시

III
서울 지역 황금 입지 TOP 6

강동구
9호선 황금 노선의 연장 호재에 주목하자!

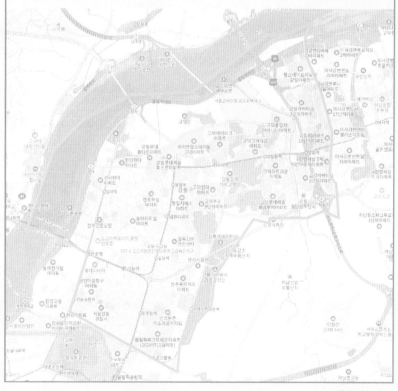

출처: 카카오지도

> ▶ **인구수:** 458,824명 (7위/25개 구)
>
> ▶ **주요동(인구순):** 천호동, 암사동, 성내동, 상일동, 고덕동, 길동, 명일동, 강일동, 둔촌동 순
>
> ▶ **랜드마크:** 암사동 선사유적지, 둔촌주공, 고덕비즈밸리

강동구는 서울 동남권에 위치한 지역으로 동쪽으로 경기도 하남시, 남쪽으로 송파구, 서쪽으로는 한강에 접해 있으며 광진구와도 인접한 지역입니다. 강동구의 중학교 학업성취도는 서울시 25개 구 중 11위를 차지하여 우수한 교육환경을 제공하고, 지리적으로 서울의 동쪽에 쏠려 있긴 하지만 강남으로의 접근성이 나쁘지 않습니다. 또한 광나루 한강공원, 길동 생태공원 등 우수한 자연환경도 강점 중 하나입니다.

강동구는 강남으로 출퇴근이 편리하고 교육환경 및 자연환경 등이 좋기 때문에 앞으로도 여러 개발 계획과 재개발 및 재건축 사업을 통해 발전의 가능성과 함께 미래 가치가 높은 지역입니다.

2. 지하철 교통망

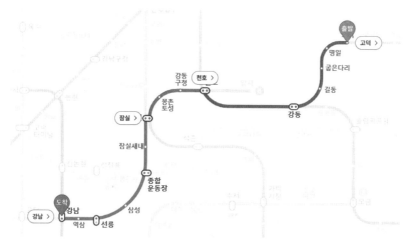

고덕역→강남역 지하철 노선도   - 출처: 네이버지도

강동구에는 지하철 5호선과 7호선이 지나고 있습니다. 5호선 고덕역을 기준으로 서울 3대 일자리 권역인 강남까지 34분, 여의도까지 50분, 광화문까지 37분이 소요됩니다. 서울의 가장 동쪽에 위치해 있어 서울 3대 일자리 권역까지 빠르게 도달하지 못하는 것이 아쉽습니다. 하지만 9호선이 연장되면 강남으로의 접근성이 좋아지며, 특히 고덕역 인근은 5호선과 9호선이 지나는 더블 역세권이 됩니다.

3. 주요 아파트 시세

강동구(10위/서울25개 구)

고덕동: 14.8억 원 / 상일동: 14.3억 원 / 명일동: 13.2억 원 / 암사동: 12.5억 원
둔촌동: 11.9억 원 / 천호동: 9.6억 원

(34평 2024.3 기준)

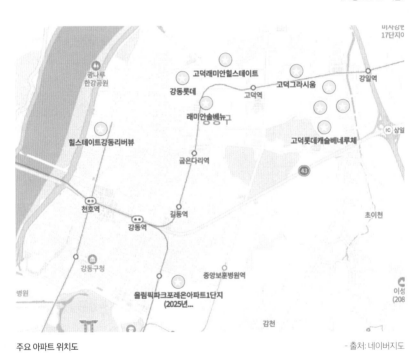

주요 아파트 위치도

- 출처: 네이버지도

강동구는 서울 25개 구 중에서 10위의 아파트 시세를 보이고 있습니다. 현재는 고덕동과 상일동 인근의 대단지 아파트들이 시세를 견인하고 있지만, 2024년 말 둔촌주공이 재건축되어 탄생하는 올림픽파크포레온이 입주를 시작하면 둔촌동이 강동구에서 가장 상급 입지로 자리할 것 같습니다. 올림픽파크포레온은 분양권 가격이 22억 9천만 원을 기록하기도 했습니다.

강동구에서는 5호선, 8호선, 9호선 주변의 아파트들이 상향 평준화의 시세를 기록하고 있는 것이 특징입니다.

순위	아파트	동	준공	세대수	신고가 (34평)	6개월 내 신고가	가격 변동	변동
1	올림픽파크포레온	둔촌동	2025	12,032	22.96억 원	21.59억 원	-1.37억 원	-6.0%
2	고덕그라시움	고덕동	2019	4,932	20.00억 원	18.00억 원	-2.00억 원	-10.0%
3	고덕아르테온	상일동	2020	4,066	19.80억 원	16.50억 원	-3.30억 원	-16.7%
4	래미안솔베뉴	명일동	2019	1,900	18.00억 원	15.35억 원	-2.65억 원	-14.7%
5	고덕래미안힐스테이트	고덕동	2017	3,658	17.20억 원	15.95억 원	-1.25억 원	-7.3%
6	고덕롯데캐슬베네루체	상일동	2019	1,859	16.85억 원	12.85억 원	-4.00억 원	-23.7%
7	고덕자이	상일동	2021	1,824	16.80억 원	14.10억 원	-2.70억 원	-16.1%
8	강동롯데캐슬퍼스트	암사동	2008	3,226	16.45억 원	13.70억 원	-2.75억 원	-16.7%
9	힐스테이트강동리버뷰	암사동	2019	460	16.40억 원	14.00억 원	-2.40억 원	-14.6%
10	고덕센트럴아이파크	상일동	2019	1,745	16.35억 원	14.15억 원	-2.20억 원	-13.5%

교통망 신설 계획

▶ **9호선 연장**

9호선 4단계 연장 사업은 총 연장 4.1킬로미터로 4개의 역을 신설하는 사업입니다. 현재 9호선 종점역인 중앙보훈역에서 시작하여 길동생태공원, 한영고, 고덕역(5호선 환승)을 거쳐 고덕강일 1지구까지 연결되는 사업입니다. 2021년에 착공을 시작하였고 2028년 개통을 목표로 하고 있습니다.

9호선 4단계 연장 사업   - 출처: 강동구

▶8호선 선사역 연장

별내선으로 불리는 8호선 연장 사업은 강동구 암사역부터 남양주시 별내역을 잇는 광역철도 노선입니다. 노선은 암사-암사역사공원-장자호수공원-구리-동구릉-다산-별내로 진행 중입니다. 이에 따라 강동구 암사동, 경기도 구리, 경기도 남양주가 잠실까지 한번에 연결되는 큰 호재로 작용할 전망입니다.

2017년 착공을 시작으로 2024년 6월 개통을 목표로 현재 선사-토평-구리-구리도매시장-진건-별개 등 6개의 신설 역사가 공사 중입니다. 특히 8호선 선사역이 연장됨에 따라 암사역에서 잠실역까지 5정거장으로 지하철로 10분만에 도착할 수 있게 됩니다.

8호선 선사역 위치도

- 출처: 리치고

일자리 사업 계획

▶ 고덕비즈밸리

고덕비즈밸리는 고덕동과 강일동 일원 7만 평이 넘는 면적에 유통, 판매, 업무, 교육연구, 공공기관, 상업시설 등이 입주하는 대형 사업입니다. 3개 지구 총 14단지로 추진될 예정입니다.

1지구는 고덕동에 위치하며 상업시설과 업무시설 위주로 조성되고, 주거지구는 2개 단지만 조성될 예정입니다. 2지구는 강일동 북부 지역에 6개 단지가 조성되며, 3지구는 상일2동 지역으로 6개 단지가 조성될 예정입니다.

고덕비즈밸리에는 이케아, JYP 신사옥, KS한국고용정보 등 업무 및 상업시설이 들어올 예정이며, 총 9조 5천억 원의 경제 유발 효과와 3만 8천 명의 고용 창출을 기대하고 있습니다. 또한 주거지구에는 고덕풍경채어바니티, 힐스테이트리슈빌강일, e편한세상고덕어반브릿지 등의 대단지 아파트가 최근 입주를 완료했습니다.

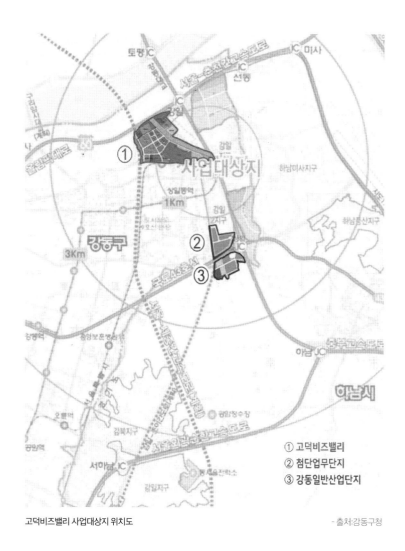

① 고덕비즈밸리
② 첨단업무단지
③ 강동일반산업단지

고덕비즈밸리 사업대상지 위치도

- 출처:강동구청

▶ 강동일반산업단지 조성

강동일반산업단지는 강동구 상일동 404번지 일원 부지면적 78,144㎡에 조성되는 사업입니다. 2024년까지 토지보상을 마무리하고 용지분양을 시작해 2025년부터 순차적으로 준공될 예정입니다. 약 200개 업체가 입주할 예정이며, 엔지니어링 관련 협회, 단체, R&D센터, 플랜트기술센터, 해외진출 지원센터, 공동이용시설 등의 입지시설이 들어설 예정입니다.

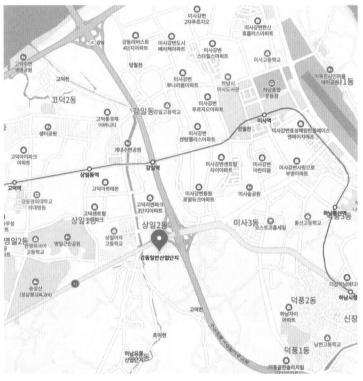

강동일반산업단지 위치도   - 출처:강동구

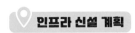

인프라 신설 계획

▶ 이케아 고덕점 오픈

이케아 코리아는 서울시 강동구 고덕동에 위치한 고덕비즈밸리 유통상업용지에 16,000㎡ 규모로 입점할 예정입니다. 2021년 6월 1일 기공식을 마쳤으며 2024년 9월까지 완공 예정입니다.

도심에 위치한 중대형 규모의 매장으로 업무시설과 이마트, CGV, 수영장 및 스파를 포함한 대형 복합시설인 고덕아이파크디어반 내에 입점하고 건물은 지하 6층~지상 21층으로 301,092㎡ 규모입니다.

이케아고덕점 위치도

- 출처: 네이버지도

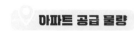

아파트 공급 물량

▶ **연간 적정 입주 물량: 2,296세대**

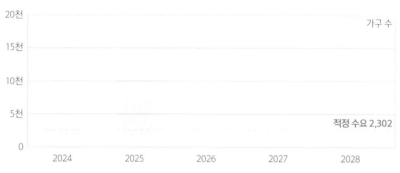

- 출처: 아실

2024년과 2025년에는 강동헤리티지자이, 올림픽파크포레온(둔촌주공) 등 입주 물량이 많은 편이어서 해당 지역의 전세가는 하락 조정될 가능성이 큽니다. 하지만 올림픽파크포레온의 매매 시세는 아직까지 잘 유지되고 있는 상황입니다.

2025년 올림픽파크포레온의 입주가 모두 완료된 시점 이후로는 강동구에 특별한 입주 물량이 없기 때문에 강동구의 신축 아파트 품귀 현상은 심각해질 것으로 보입니다. 따라서 단군이래 최대 규모의 재건축 아파트인 올림픽파트포레온은 계속해서 높은 가치를 인정받을 것으로 보입니다.

No	지역	아파트명	입주 예정	총 세대수
1	상일동	e편한세상강일어반브릿지	2024년 2월	593세대
2	성내동	힐스테이트천호역젠트리스	2024년 3월	160세대
3	길동	강동중앙하이츠시티	2024년 4월	96세대
4	길동	강동헤리티지자이	2024년 6월	1,299세대
5	천호동	강동밀레니얼중흥S-클래스	2024년 9월	999세대
6	둔촌동	올림픽파크포레온	2025년 1월	12,032세대
7	천호동	천호역마에스트로	2025년 2월	77세대
총 세대수				15,256세대

신고가 대비 가격 조정이 많이 된 아파트

- 아파트명: 고덕롯데캐슬베네루체

- 법정동: 상일동

- 준공년도: 2019년

- 세대수: 1,895세대

- 신고가: 16.85억 원 (2021.08)

- 6개월 내 신고가: 13억 원 (2023.09)

고덕롯데캐슬베네루체 위치도

- 출처:네이버지도

고덕롯데캐슬베네루체는 고덕주공 7단지를 재건축한 아파트입니다. 실제 위치는 상일동이지만 아파트 이름에서 알 수 있듯이 고덕동에 생활권을 두고 있는 아파트입니다. 5호선 상일동역과는 도보 10분 거리로 고덕동, 상일동에 위치한 다른 아파트보다는 다소 먼 거리에 위치해 있습니다.

하지만 고덕동의 대장 아파트 중 하나인 고덕아르테온과 인접해 있고, 주변이 녹지공간으로 둘려 쌓여 있어 실거주 만족도가 높은 아파트입니다. 특히 단지 내 조경 시설과 커뮤니티 시설이 우수하다는 평가를 받는 아파트임에도 불구하고 신고가 대비 가격 하락폭이 컸던 아파트입니다.

📍 둔촌주공 재건축 아파트

- 아파트명: **올림픽파크포레온**
- 법정동: 둔촌동
- 준공년도: 2025년
- 세대수: 12,032세대
- 신고가: 22.9억 원 (2023.4)
- 6개월 내 신고가: 19.8억 원 (2023.12)

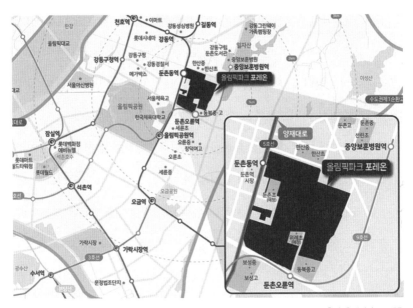

올림픽파크포레온 위치도 　　　　　　　　　　　　　　　- 출처: 올림픽파크포레온

단군이래 최대 재건축 프로젝트인 둔촌주공아파트가 탈바꿈될 올림픽
파크포레온이 드디어 2024년 말로 입주를 시작할 예정입니다. 지금까지 송
파구 가락동의 헬리오시티가 9,500여 세대로 가장 큰 대단지 아파트였는데
이것을 훨씬 뛰어 넘어 12,000여 세대가 입주하게 됩니다.

이미 분양권 상태에서도 강동구의 대장 아파트인 고덕그라시움, 고덕아르
테온의 가격을 훌쩍 뛰어 넘었기 때문에 앞으로 강동구의 대장 아파트로 자
리 메김 할 것입니다. 실거주 의무제도가 3년 연기되었고, 워낙 대단지 아파
트이기 때문에 급매로 나오는 물건을 잘 매수한다면 좋은 기회가 될 수도 있
을 것입니다.

주요 아파트 위치도

- 출처: 네이버지도

9호선 연장 노선이 길동생태공원-한영고-고덕역-고덕강일 1지구로 들어올 예정입니다. 9호선 연장으로 인근의 아파트 단지들은 이전에 비해 강남으로의 접근성이 더 좋아질 것이기에 주목할 필요가 있습니다.

No	아파트명	준공년도	세대수	최근 34평 실거래가 (2024.06기준)
1	강동헤리티지자이	2024	1,299	14.2억
2	명일우성	1986	572	12.9억
3	고덕그라시움	2019	4,932	18억

8호선 연장 선사역 인근 단지

주요 아파트 위치도

8호선 선사역이 연장됨에 따라 잠실역까지 5정거장으로 지하철을 이용하여 10분만에 도달할 수 있게 되었습니다. 선사역 연장으로 강동롯데캐슬퍼스트, 고덕아남, 강동현대홈타운 등의 인근 아파트가 수혜를 입을 것으로 보입니다.

No	아파트명	준공년도	세대수	최근 34평 실거래가 (2024.06기준)
1	강동롯데캐슬퍼스트	2008	3,226	13.7억
2	강동현대홈타운	2004	682	12억
3	고덕아남	1996	807	10.5억

III
서울 지역 황금 입지 TOP 6

금천구
교통망과 일자리, 두 마리 토끼를 잡는다!

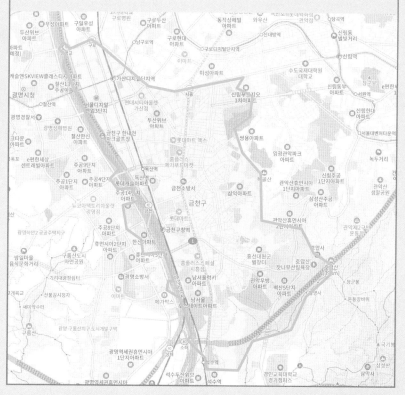

출처: 카카오지도

▶ **인구수**: 227,701명 (22위/25개 구)

▶ **주요동(인구순)**: 독산동, 시흥동, 가산동 순

▶ **랜드마크**: 가산디지털단지, 아울렛, 수출의 다리

서울시 금천구는 대규모 일자리 권역인 가산디지털단지를 포함하고 있는 장점이 있으며, 교통, 상업 인프라 등 다양한 면에서 발전 가능성이 높은 지역으로 평가됩니다.

금천구는 부동산 실거주 및 투자 측면에서 그간 주목받지 못하던 지역이었는데 롯데캐슬골드파크와 같은 대형 아파트 단지가 들어오고, 신안산선 개통 호재의 중심이 되면서 관심을 끄는 지역이 되었습니다. 또한 금천구 시흥동을 중심으로 신속통합기획, 모아타운 등의 재개발 사업이 활발하게 추진되고 있어 앞으로 큰 변화가 있을 것으로 예상되는 지역입니다.

가산디지털단지역→강남역 지하철 노선도　　　　　　　　　　- 출처: 네이버지도

금천구의 대표적인 역은 7호선 가산디지털단지역으로 이곳을 기준으로 서울 3대 일자리 권역인 강남, 여의도, 광화문 지역을 모두 30분대로 도달할 수 있습니다.

금천구에는 G밸리라고 하는 대형 일자리 권역이 있기 때문에 나름 자급자족의 기능을 하고 있으며, 앞으로 신안산선이 들어오게 되면 금천구의 서울 일자리 접근성은 더 좋아질 예정입니다.

3. 주요 아파트 시세

금천구(22위/서울25개 구)

독산동: 8.5억 원 / 가산동: 7.4억 원 / 시흥동: 6.8억 원

(34평 2024.3 기준)

주요 아파트 위치도   - 출처: 네이버지도

금천구는 독산동, 가산동, 시흥동의 3개 법정동으로 구성되어 있습니다. 아파트 평균 가격으로 보면 독산동이 가장 높은 가격대를 보이고 있습니다. 독산동은 금천구에서 신축과 대단지 아파트 조건을 모두 충족하는 롯데캐슬골드파크가 3,000여 세대로 2016년부터 입주했기 때문입니다.

신안산선 등 앞으로의 호재도 모두 받을 수 있는 아파트로 금천구에서 당분간 롯데캐슬골드파크를 뛰어 넘을 아파트는 보이지 않습니다.

순위	아파트	동	준공	세대수	신고가 (34평)	6개월 내 신고가	가격 변동	변동
1	롯데캐슬골드파크 3차	독산동	2018	1.236	14.20억 원	12.00억 원	-2.20억 원	-15.5%
2	롯데캐슬골드파크 1차	독산동	2016	1.743	13.70억 원	10.50억 원	-3.20억 원	-23.4%
3	롯데캐슬골드파크 2차	독산동	2017	292	12.75억 원	10.55억 원	-2.20억 원	-17.3%
4	남서울힐스테이트	시흥동	2012	1.764	11.30억 원	9.40억 원	-1.90억 원	-16.8%
5	e편한세상독산더타워	독산동	2019	432	10.80억 원	8.15억 원	-2.65억 원	-24.5%
6	이랜드해가든	독산동	2008	187	8.90억 원	7.20억 원	-1.70억 원	-19.1%
7	독산중앙하이츠빌	독산동	2004	554	8.70억 원	7.10억 원	-1.60억 원	-18.4%
8	시흥베르빌	시흥동	2004	246	8.50억 원	7.00억 원	-1.50억 원	-17.6%
9	한신	독산동	1991	1.000	8.50억 원	6.55억 원	-1.95억 원	-22.9%
10	독산동한양수자인	독산동	201	229	8.70억 원	6.50억 원	-2.20억 원	-25.3%

4. 호재 분석

 교통망 신설 계획

▶ **신안산선 개통 예정**

신안산선은 수도권 전철 수요를 분산하고, 서울과 경기도 시흥시, 안산시를 철도교통으로 연결시키는 것이 목적인 광역철도 노선입니다. 기존 4호선보다 빠르게 시흥, 안산과 서울을 연결하기 때문에 광역급행철도 역할도 수행하게 됩니다.

현 시점에 착공이 이루어진 것은 1단계 구간이며, 한양대에서 여의도까지 이어지는 노선입니다. 신안산선은 수도권 서남부에서 서울까지 환승없이 바로 도달하기 때문에 그동안 환승하면서 시간 소모가 많았던 지역의 문제를 해결해 줄 것입니다. 2025년 개통 예정으로 현재 공사가 진행 중입니다.

일자리 사업 계획

▶ **G밸리**

G밸리라고 불리는 서울디지털산업단지는 현재 가산디지털단지, 구로디지털단지로 대표되며 IT 제조, 소프트웨어, 유통, 서비스업 등 첨단정보 지식

산업을 이끌고 있습니다.

G밸리(금천, 구로)는 약 14만명의 일자리를 창출하는 곳으로 지식산업센터 100여 개와 넷마블과 같은 대기업을 포함해 9,400여 개의 입주업체가 자리 잡고 있습니다. 현재도 많은 지식산업센터가 분양을 예정하고 있어 앞으로도 계속 일자리가 늘어날 것으로 예상됩니다.

G밸리 전경 모습　　　　　　　　　　　　　　　　　　　　- 출처: 구로구청

📍 인프라 신설 계획

▶ 금천구청역 복합개발

금천구청역은 서울 시내에서 출구가 하나뿐인 유일한 역으로 노후가 많이 진행되었습니다. 국토교통부는 금천구청역을 복합역사로 재건축하면서 인근에 행복주택 230가구를 공급하고, 창업 공간을 조성할 예정입니다.

기존 금천구청역을 철거해 연면적 1,600㎡ 이상 규모로 확장하고 근린생활, 상업, 업무, 문화 등 다양한 기능을 갖춘 복합역사로 신축할 계획입니다. 2020년 10월, 역사 앞의 연탄공장이 자진 폐업하면서 연탄공장 부지를 포함한 복합역사 추진이 협의 중이며 2026년 완공을 목표로 하고 있습니다.

금천구청역복합개발 조감도   - 출처: 금천구청

▶ **종합병원 건설**

금천구청역 인근으로는 시흥동 996번지 일대에 연면적 177,000㎡, 지하 5층~지상 18층 규모로 대형 종합병원이 들어설 예정입니다. 810개의 병상과 심혈관센터, 소화기센터, 여성센터 등이 들어섬에 따라 상대적으로 의료시설이 취약했던 금천구에 큰 호재로 작용할 것입니다. 금천종합병원은 2025년 완공을 목표로 진행되고 있습니다.

금천 종합병원 구상 이미지   - 출처: 금천구청

▶ 공군부대용지 이전개발 계획

금천구 독산1동 일대 120,000㎡ 땅에는 1940년대부터 공군부대가 자리잡고 있었습니다. 공군부대로 인해 주변 지역 생활권이 오랜 기간 단절되고, 지역 발전과 주거 생활에 불편함을 초래하고 있습니다. 금천구는 국토부, 서울시 등과 오랜 기간 협의를 진행하며 해당 지역의 재개발을 추진하고 있습니다. 현재는 '공간혁신구역 선도사업 대상지' 서울시 최종 후보지로 선정되었고, 국토부의 최종 선정을 기다리고 있습니다.

공간혁신구역 선도사업 대상지로 선정되면 용도와 밀도의 제약 없이 자유로운 개발과 신속하고 유연한 사업추진이 가능하기에 4차산업 업무시설, 문화시설, 공원 등 지역에 필요한 시설과 함께 주거시설 또한 함께 조성될 것으로 기대하고 있습니다.

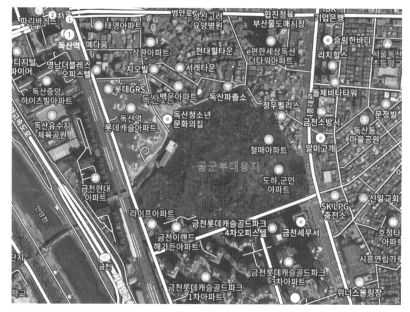

공군부대용지 위성 지도

📍 아파트 공급 물량

▶ 연간 적정 입주 물량: 1,136세대

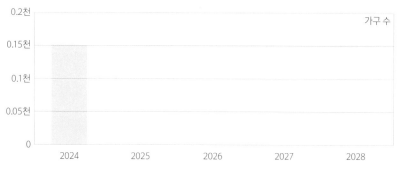

금천구에 신규 입주 물량은 151세대의 소형 아파트인 W컨템포287를 제외하고는 계획이 없는 상태입니다. 연간 적정 입주 물량이 1,136세대인 것을 감안하면 공급이 턱없이 부족한 상황입니다.

이에 따라 금천구에서는 신속통합기획, 모아타운이 활발하게 추진되고 있지만, 이들이 제대로 진행되어도 아파트 입주까지는 최소 5년 이상의 시간이 걸릴 것으로 보입니다. 따라서 금천구의 기존 대장 아파트인 롯데캐슬골드파크의 가치는 계속 유지될 것으로 보이고 있습니다.

No	지역	아파트명	입주 예정	총 세대수
1	시흥동	W컨템포287(도시형)	2024년 9월	151세대

5. 투자 포인트

신고가 대비 가격 조정이 많이 된 아파트

- 아파트명: e편한세상독산더타워
- 법정동: 독산동
- 준공년도: 2019년
- 세대수: 432세대
- 신고가: 10.8억 원 (2022.5)
- 6개월 내 신고가: 8억 원 (2024.2)

e편한세상독산더타워 위치도

- 출처: 네이버지도

e편한세상독산더타워는 독산동에 위치한 주상복합 아파트로써 신고가 대비 최근 하락장에서 가장 많이 시세가 조정된 아파트입니다. 하지만 금천구에서 가장 최근에 신축된 아파트에 포함되고 1호선 독산역이 600미터 정도로 가까우면서 주변 초등학교와 중학교가 도보권 내에 위치한다는 장점이 있습니다. 또한 신안산선의 신독산역 개통의 수혜를 받을 단지이기 때문에 지금 시점에서 주목할 필요가 있는 아파트입니다.

📍 신안산선 개통 호재

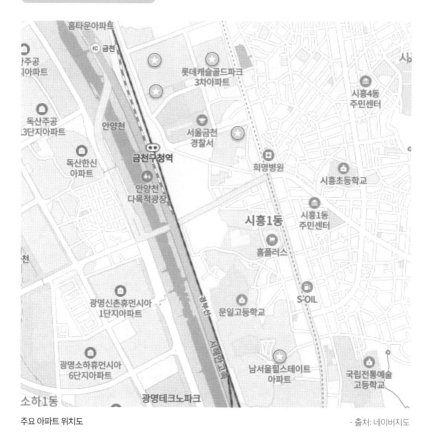

주요 아파트 위치도

- 출처: 네이버지도

신안산선 개통으로 신독산역과 시흥사거리역이 생김에 따라 역사 인근에 있는 아파트 단지들이 수혜를 받을 가능성이 큽니다. 기존에는 1호선뿐이었는데 신안산선의 개통으로 여의도까지 환승없이 한번에 출퇴근이 가능해짐으로써 해당 단지들을 주목할 필요가 있습니다.

No	아파트명	준공년도	세대수	최근 34평 실거래가 (2024.06기준)
1	무지개	1980	639	(28평) 9.7억 원
2	남서울힐스테이트	2014	1,764	9.4억 원
3	금천롯데캐슬골드파크 1차	2016	1,743	10.5억 원
4	금천롯데캐슬골드파크 2차	2017	292	10.55억 원
5	금천롯데캐슬골드파크 3차	2018	1,236	12억 원

III
서울 지역 황금 입지 TOP 6

도봉구

창동의 드라마틱한 변화가 어떠할지 기대해보자!

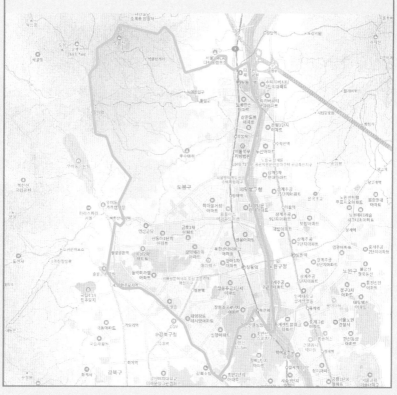

출처: 카카오지도

> ▷ **인구수:** 307,070명 (18위/25개 구)
>
> ▷ **주요동(인구순):** 창동, 쌍문동, 방학동, 도봉동 순
>
> ▷ **랜드마크:** 도봉산, 북한산, 덕성여대, 문화 콘텐츠의 배경지 (둘리, 응팔, 오징어게임)

서울의 북동쪽에 위치한 도봉구는 자연 친화적인 환경과 비교적 저렴한 부동산 가격으로 최근 들어 주목받는 지역입니다. 현재는 강남권까지의 접근성이 좋지 않다는 태생적인 한계가 있지만 GTX-C 노선의 개통으로 강남으로의 접근성이 많이 개선될 것이라 기대하고 있습니다. 지금까지는 서민적인 이미지를 갖는 도봉구였지만 창동을 중심으로 변화는 드라마틱하게 진행될 것으로 예상됩니다.

창동 민자역사개발, 창동 아레나, 창동 업무지구, 창동 주공아파트 재건축 등 많은 호재가 줄줄이 대기 중에 있습니다. 노원구가 탈노도강(노원구, 도봉구, 강북구)를 위해 많은 변화를 준비 중인 것처럼 창동을 중심으로 하는 대규모 호재와 더불어 창동과 쌍문동의 소규모 정비사업이 도봉구를 얼마나 변화시킬지 지켜보는 것도 좋을 것 같습니다.

2. 지하철 교통망

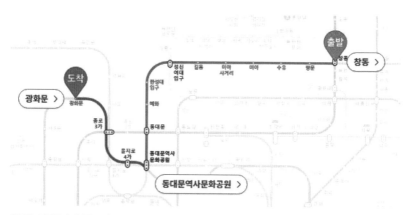

창동역→광화문역 지하철 노선도   - 출처: 네이버지도

도봉구에는 1호선과 4호선이 지나고 있습니다. 1호선과 4호선의 더블 역세권인 창동역을 기준으로 서울 3대 일자리 권역인 강남까지 54분, 여의도까지 53분, 광화문까지 40분이 소요되어 어디 하나 빠르게 도달할 수 없는 것이 현실입니다. 이러한 단점 때문에 추후 개통될 예정인 GTX-C의 정차역이 될 창동역의 가치는 더욱 높아질 것입니다.

도봉구(25위/서울25개 구)

창동: 7.7억 원 / 방학동: 6.6억 원 / 도봉동: 6.2억 원 / 쌍문동: 4.4억 원

(34평 2024.3 기준)

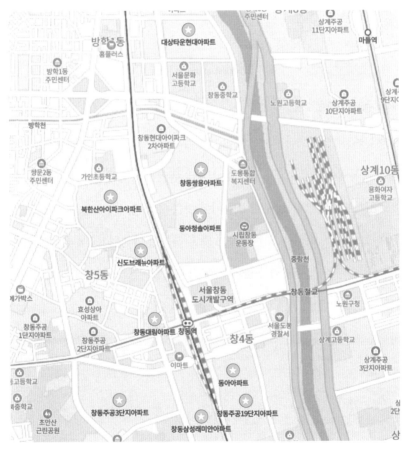

주요 아파트 위치도

- 출처: 네이버지도

도봉구에 소재한 창동, 방학동, 도봉동, 쌍문동 중에서는 창동이 압도적으로 높은 시세를 기록하고 있습니다. 자연환경과 상업시설 등 인프라를 비롯하여 학군과 학원가 그리고 교통편에서 1호선과 4호선의 더블 역세권인 창동이 도봉구에서 가장 훌륭한 입지의 가치를 보이는 곳입니다.

순위	아파트	동	준공	세대수	신고가 (34평)	6개월 내 신고가	가격 변동	변동
1	주공 19단지	창동	1988	1,764	12.50억 원	9.50억 원	-3.00억 원	-24.0%
2	북한산아이파크	창동	2004	2,061	12.00억 원	8.70억 원	-3.30억 원	-27.5%
3	동아청솔	창동	1997	1,981	11.99억 원	9.35억 원	-2.64억 원	-22.0%
4	쌍용	창동	1997	1,352	11.50억 원	8.20억 원	-3.30억 원	-28.7%
5	동아	창동	1988	600	11.00억 원	8.27억 원	-2.73억 원	-24.8%
6	삼성래미안	창동	1992	1,668	11.00억 원	8.15억 원	-2.85억 원	-25.9%
7	창동신도브래뉴 1차	창동	2003	456	10.45억 원	8.10억 원	-2.35억 원	-22.5%
8	창동주공 3단지	창동	1991	2,856	10.35억 원	8.00억 원	-2.35억 원	-22.7%
9	대상타운현대	방학동	2001	1,278	10.29억 원	8.05억 원	-2.24억 원	-21.8%
10	창동대림	창동	2003	205	10.00억 원	-	-	-

교통망 신설 계획

▶ GTX-C 개통

강남으로의 교통망이 부실한 도봉구에서 GTX-C 노선의 개통은 엄청난 호재로 작용할 사업입니다. GTX-C 노선은 기존 1호선, 4호선, 7호선과의 연계로 큰 시너지를 만들어 낼 것입니다. 또한 2023년 5월 국토교통부 장관과의 주민간담회를 통해 창동역의 지하화가 발표되었습니다.

2028년 개통을 목표로 GTX-C 착공이 시작되었고, GTX-C가 개통되면 현재 창동역에서 삼성역까지 50분 이상 걸리던 시간이 14분으로 대폭 단축되는 엄청난 변화를 맞이하게 됩니다.

▶ 동부간선도로 창동-상계 지하화

동부간선도로 지하화 사업은 월릉교-대치동(대치 우성아파트 사거리) 구간에 대심도 4차로 지하도로를 설치하고, 기존 동부간선도로 구간을 지하화하는 사업입니다. 동부간선도로의 상습 정체로 인한 주민 불편을 해소하고, 환경오염 문제 해결과 주민들의 보행 접근성 향상을 통해 문화 및 힐링 공간으로 재조성하기 위해 사업을 추진 중입니다.

창동-상계 도시재생 활성화 계획에 따라 창동교에서 상계교까지 1.7킬로미터 구간을 3차로 지하도로로 건설하는 사업도 동부간선도로 지하화 사업에 포함되어 있습니다. 2023년 시공사 선정을 완료했으며, 2024년 중 착공하여 민자사업 구간과 함께 2029년 개통 예정입니다. 서울 동북권역과 강남권역을 연결하는 동부간선도로 지하도로가 개통되면 월릉에서 강남까지 이동시간이 기존 30분대에서 10분대로 단축될 전망으로 도봉구에는 호재로 작용할 예정입니다.

동부간선도로 지하화 계획   - 출처: 서울시

▶ 우이신설선 경전철 연장

우이신설선 경전철 연장 사업은 4,900억 원의 사업비를 투입하여 강북구

솔밭공원역에서 도봉구 방학역을 연결하는 프로젝트입니다. 총 연장 3.93
킬로미터에 3개의 신설역과 방학역에 환승노선을 새롭게 건설하는 사업입
니다. 현재 진행 상황은 착공 전 기본계획 수립 단계로 2029년 개통을 목표
로 하고 있습니다.

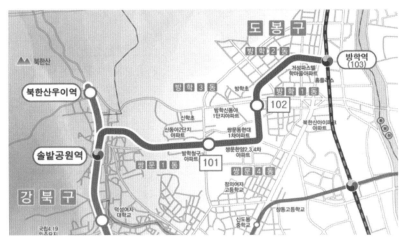

우이신설선 경전철 연장 계획도 　　　　　　　　　　　　　　　　　- 출처:서울시

▶ 바이오메디컬 클러스터

바이오메티컬 클러스터 조성 사업은 서울에 남은 마지막 대규모 개발지인
창동차량기지 179,578㎡와 도봉면허시험장 60,742㎡를 합쳐 약 25만㎡ 부
지를 중심으로 세계 최고 수준의 연구병원과 관련기업, R&D 연구소 등을
유치해 바이오 의료단지를 조성하는 사업입니다.

도봉구와 노원구는 그동안 강북의 대표적인 베드타운 역할을 담당했는데, 이 사업을 통해서 양질의 일자리를 창출하는 자족도시로 발돋음한다는 계획입니다. 종로구에 위치한 서울대병원 이전 등 앞으로 해결해야 할 사안은 많지만 서울시 균형 개발에 대한 목소리가 커지는 만큼 서울시에서도 사활을 걸고 추진하는 사업 중 하나입니다.

바이오메디컬 클러스터 조감도　　　　　　　　　　　　　　　　- 출처: 노원구청

 인프라 신설 계획

▶ 서울 아레나 (창동 민자역사)

지하철 1호선 창동역 인근에 사업비 3,600억 원을 들여 조성 중인 서울 아레나는 1만 8천석 이상 규모로 최대 2만 8천명까지 수용할 수 있는 공연장

중심의 복합문화시설입니다. 대중음악을 위한 아레나 공연장을 비롯해 중형 공연장, 대중음악 지원시설, 영화관 등 부대시설이 조성되며 2027년 3월 준공 예정입니다.

카카오가 투자하고 한화건설이 시공하는 서울 아레나는 한류관광의 메카로 떠오를 것으로 기대를 모으고 있습니다. 창동을 서울의 대표적인 문화예술 산업 클러스터로 개발시키겠다는 포부를 품은 사업입니다.

서울 아레나 조감도　　　　　　　　　　　　　　　　　　　- 출처: 서울시

▶ 도봉동 화학부대 이전부지 개발

도봉동 인근 야산에 위치한 도봉화학부대 이전 부지는 현재까지 공터로 남아 있습니다. 그동안 그린벨트 지역으로 묶여 있어 개발사업을 추진하는데 한계가 있었지만 현재는 해제가 논의되고 있습니다.

서울시와 도봉구는 개발제한이 풀리는 대로 주둔지 부지에 세계태권도본부인 국기원을 이전하고 유스호스텔 등을 건립할 예정에 있습니다. 이는 도봉산 관광산업 활성화와 시너지를 낼 것으로 기대됩니다. 훈련장 부지는 서울한옥4.0 재창조 추진계획에 따라 새롭게 한옥마을로 조성될 예정입니다.

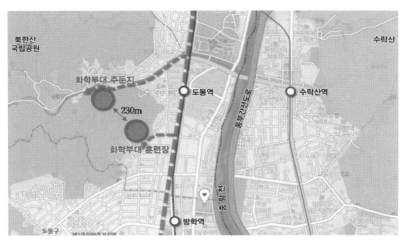

화학부대 위치도

- 출처:서울시

📍 아파트 공급 물량

▶ **연간 적정 입주 물량: 1,532세대**

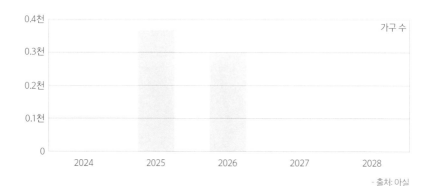

- 출처: 아실

도봉구의 연간 적정 입주 물량이 1,532세대임에도 불구하고 2024년 이후 신축 아파트 입주 물량이 371세대로 도봉구는 신축 아파트의 공급이 앞으로 매우 부족하다는 것을 알 수 있습니다. 따라서 신축 아파트로 공급될만한 창동주공 재건축과 쌍문동, 방학동에서 선정된 신속통합기획, 모아타운 등의 가치가 상승할 수밖에 없습니다.

No	지역	아파트명	입주 예정	총 세대수
1	창동	창동다우아트리체(주상복합)	2025년 2월	89세대
2	방학동	도봉롯데캐슬 골든파크(민간임대)	2025년 7월	282세대
3	도봉동	도봉금호어울림리버파크	2026년 3월	299세대
총 세대수				**670세대**

5. 투자 포인트

신고가 대비 가격 조정이 많이 된 아파트

- 아파트명: **동아**
- 법정동: 창동
- 준공년도: 1988년
- 세대수: 600세대
- 신고가: 11억 원 (2021.8)
- 6개월 내 신고가: 7.25억 원 (2023.11)

동아아파트 위치도

- 출처: 네이버지도

창동에 위치한 동아아파트는 2021년 신고가에 대비하여 34평 기준으로 최근 3.75억 원이나 조정된 아파트입니다. 창동역 초역세권에 위치하면서 벌써 37년차를 맞이하여 재건축이 추진되고 있는 아파트입니다.

창동 민자역사 개발, GTX-C 개통과 더불어 재건축의 기대감까지 있는 아파트이기 때문에 지금 시점에서 주목할 필요가 있는 아파트입니다.

📍 창동 재건축 추진 단지

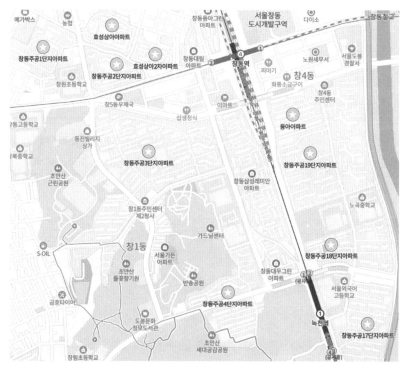

주요 아파트 위치도   - 출처:네이버지도

GTX-C 개통의 가장 큰 수혜를 누리면서 자체 일자리 창출이 가능한 창동 주공아파트의 투자 가치는 굉장히 높을 것으로 보고 있습니다.

창동은 대부분 아파트로 구성되어 있고, 주민들의 수준이 균일화되어 있어 재건축 사업도 속도를 낼 가능성이 높습니다. 또한 서울 3대 학원가로 꼽히는 중계동도 10분 거리에 있고, 중학교 학업성취도가 높은 학교들이 많아 자녀를 키우는 부모들에게 선호도가 높은 지역입니다.

No	아파트명	준공년도	세대수	최근 34평 실거래가 (2024.06기준)
1	창동상아 1차	안전진단 통과	1987	6.5억 원
2	창동주공 18단지	안전진단 통과	1988	6억 원
3	창동주공 19단지	안전진단 통과	1989	9.5억 원
4	창동동아	안전진단 용역 중	1988	8.27억 원
5	창동주공 4단지	안전진단 용역 중	1991	(21평) 4.38억 원
6	창동주공 17단지	현지조사 통과	1989	(21평) 4.4억 원
7	창동주공 1단지	현지조사 통과	1990	(21평) 4.92억 원
8	창동주공 2단지	현지조사 통과	1990	(21평) 5.2억 원
9	창동주공 3단지	현지조사 통과	1991	8억 원
10	창동상아 2차	현지조사 통과	1988	8.7억 원

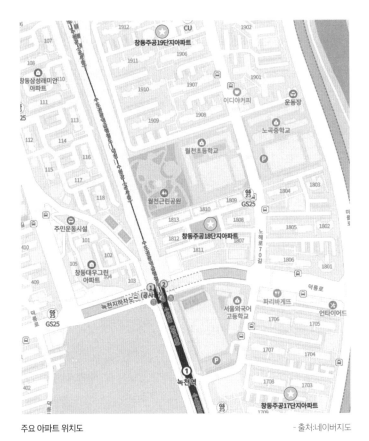

주요 아파트 위치도

- 출처:네이버지도

동부간선도로 지하화로 인해 도로를 통한 강남권으로의 접근성이 좋아질 것이기 때문에 지하화 사업의 인근에 위치한 창동주공 17단지~19단지는 주목할 필요가 있습니다.

No	아파트명	준공년도	세대수	최근 34평 실거래가 (2024.06기준)
1	창동주공 17단지	1989	1,980	(21평) 4.4억 원
2	창동주공 18단지	1988	910	6억 원
3	창동주공 19단지	1989	1,764	9.5억 원

III
서울 지역 황금 입지 TOP 6

동대문구

강북 교통의 중심, 청량리역이 천지개벽한다!

출처: 카카오지도

> ▷ **인구수:** 341,510명 (17위/25개 구)
>
> ▷ **주요동(인구순):** 장안동, 답십리동, 전농동, 휘경동, 이문동, 용두동, 제기동, 청량리동 순
>
> ▷ **랜드마크:** 청량리역, 경희대, 외대, 서울시립대, 장안평 중고차시장, 경동시장

동대문구는 편리한 교통망과 다양한 상업시설 및 교육시설 등 여러 면에서 주목할 만한 부동산 가치를 지니고 있습니다. 특히 청량리역이 위치하고 있어 교통의 요지로서의 역할을 하고 있으며, 다양한 개발 계획들이 진행 중입니다. 재래시장을 포함한 다양한 상업시설과 경희대, 외대, 시립대와 같은 우수한 교육시설이 집중된 지역입니다.

동대문구는 서울에서 가장 빠르게 변화하는 지역 중 하나입니다. 청량리역을 중심으로 변화가 진행되고 있으며, 청량리뉴타운, 이문휘경뉴타운으로 대표되는 대규모 재개발 정비사업은 동대문구의 기대치를 높이고 있습니다.

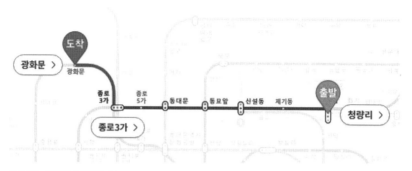

청량리역→광화문역 지하철 노선   - 출처: 네이버지도

동대문구는 1호선, 2호선, 5호선, 경의중앙선, 수인분당선, 우이신설선 등 많은 철도가 지나는 곳입니다. 특히 서울에서도 손꼽히는 지하철 교통의 요지인 청량리역에서 환승을 통해 서울 3대 일자리 권역인 강남역까지 26분, 여의도까지 35분, 광화문까지 19분으로 30분대에 도달할 수 있다는 장점이 있습니다.

동대문구(16위/서울25개 구)

전농동: 12.7억 원 / 답십리동: 11.4억 원 / 휘경동: 9.3억 원 / 이문동: 8.1억 원 /

장안동: 8억 원 / 청량리동: 7.8억 원

(34평 2024.3 기준)

주요 아파트 위치도   - 출처: 네이버지도

동대문구의 아파트 시세는 서울 25개 구 중에서 16위에 위치해 있습니다.

청량리뉴타운으로 상전벽해되고 있는 전농동이 시세를 견인하고 있으며,

2024년 입주한 SKY-L65는 36평 기준으로 18.79억 원의 거래를 기록하기도 했습니다.

2010년대부터 신축 대단지 아파트가 계속 입주하고 있으며, 앞으로도 재개발 정비사업으로 공급되는 신축 아파트의 비중이 굉장히 높은 지역입니다. 동대문구 지역의 시세가 상향 평준화되고 있다는 점에서 주목할 필요가 있습니다.

순위	아파트	동	준공	세대수	신고가 (34평)	6개월 내 신고가	가격 변동	변동
1	래미안크레시티	전농동	2013	2,397	17.00억 원	13.40억 원	-3.60억 원	-21.2%
2	동대문롯데캐슬노블레스	전농동	2018	584	15.95억 원	13.00억 원	-2.95억 원	-18.5%
3	e편한세상청계센트럴포레	용두동	2024	823	15.90억 원	14.10억 원	-1.80억 원	-11.3%
4	래미안위브	답십리동	2014	2,652	15.90억 원	12.90억 원	-3.00억 원	-18.9%
5	래미안답십리미드카운티	답십리동	2018	1,009	15.50억 원	12.80억 원	-2.70억 원	-17.4%
6	힐스테이트청계	답십리동	2018	764	15.30억 원	12.80억 원	-2.50억 원	-16.3%
7	래미안허브리츠	용두동	2010	844	14.30억 원	12.30억 원	-2.00억 원	-14.0%
8	휘경SK뷰	휘경동	2019	900	14.25억 원	10.60억 원	-3.65억 원	-25.6%
9	래미안엘리니티	용두동	2022	1,048	14.20억 원	13.50억 원	-0.70억 원	-4.9%
10	답십리파크자이	답십리동	2019	802	14.10억 원	12.30억 원	-1.80억 원	-12.8%

교통망 신설 계획

▶ **GTX-B**

수도권 광역급행철도 GTX-B 노선은 인천 연수구 송도에서 서울역을 연결하는 노선으로, 이 노선이 완성되면 송도와 서울역 사이의 이동 시간이 현재보다 대폭 단축될 예정입니다.

동대문구에서는 청량리역이 정차역이 될 예정입니다. 이미 타지역과의 접근성이 우수한 곳이지만 GTX-B 개통으로 교통 편의성이 더 좋아져 청량리 역사 개발에 더 큰 힘을 실어줄 것으로 보고 있습니다. GTX-B는 2024년 착공을 시작으로 2030년 개통을 목표로 하고 있습니다.

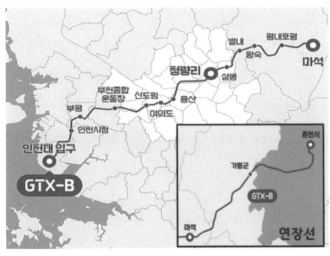

GTX-B 노선도

- 출처: 국토교통부

▶ **GTX-C**

GTX-C 노선은 수도권의 남북을 직접 연결하는 교통망으로 계획되고 있으며, 가장 큰 수혜를 받는 지역으로는 경기 북부와 도봉구 창동이 주목받고 있습니다.

동대문구에서는 GTX-B 노선과 마찬가지로 청량리역이 정차역이 될 것이기 때문에 청량리역은 앞으로 더욱 대중교통의 중심지로 자리 매김할 것입니다.

▶ **동북선 개통**

2020년 8월 착공을 시작한 동북선 경전철은 2026년 개통을 목표로 공사가 한창 진행되고 있습니다.

제기동에서 왕십리까지 한 번에 도달할 수 있기 때문에 환승을 통한 강남으로의 접근성이 더 좋아질 것으로 예상하고 있습니다. 추진되는 역은 총 16개역으로 주요 역은 상계-은행사거리-하계-월계-고려대-제기동-왕십리입니다.

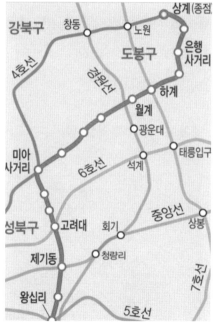

동북선 노선도 　　　　　　　　 - 출처: 서울시

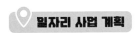

▶ 홍릉 바이오 의료 클러스터

서울시는 홍릉 일대를 도심형 바이오·의료산업 클러스터로 육성하겠다는 목표를 갖고 사업을 추진 중에 있습니다. 홍릉 일대에는 고려대, 경희대 등의 대학교와 서울대병원, 고려대안암병원, 경희의료원 등 대형 의료기관이 밀집해 있고, 한국과학기술연구원과 고등과학원 등 연구기관 9곳도 인근에 위치하고 있습니다.

홍릉 특구는 동대문구 일대에 조성되는 디지털 헬스케어 특화 강소 특구입니다. KIST와 고려대, 경희대, 대학병원, 국내 제약사 등 연구인력과 인프라를 기반으로 바이오기업들이 연구개발과 사업화를 지원하고 있습니다. 최근에는 글로벌센터(동대문구 회기동) 건립 공사를 완료하였고 입주 기업을 모집하고 있습니다.

홍릉 메디클러스터 조성 계획

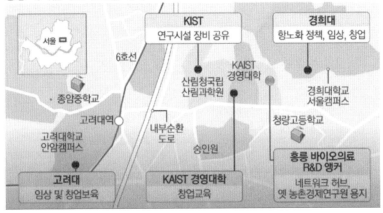

홍릉 바이오·의료 클러스터 구상도   - 출처: 서울시

▶ 글로벌 뷰티산업 허브, 서울 기본계획

서울시가 2026년까지 뷰티산업에 2,040억 원을 투자하는 내용을 담은 '글로벌 뷰티산업 허브, 서울' 기본계획을 발표했습니다. 기본계획에는 2025년까지 뷰티·패션산업의 예비 유니콘기업 수를 현재 8개에서 12개로 늘리고, 세계 100대 뷰티·패션기업을 4개에서 5개로 늘리는 내용이 담겼습니다. 이를 위해 동대문 일대를 뷰티·패션산업의 핵심거점으로 육성하고 건축규제 완화 등 인센티브를 내세워 지역경관을 개선할 계획입니다.

또한 2025년까지 뷰티산업 일자리를 10만 명까지 늘리기 위해 동대문과 DDP 일대를 뷰티패션융합 특정개발진흥지구로 향상시키는 것도 추진하고 있습니다. 특정개발진흥지구로 지정되면 서울시는 건축규제 완화, 자금 융자, 세금 감면 등 인센티브로 투자를 유치하고 새로운 비즈니스 모델 창출을 지원할 계획입니다.

글로벌 뷰티산업 허브

- 출처:서울시

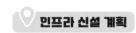

▶ 청량리역 복합환승센터 개발

청량리역 복합환승센터는 GTX-C 노선의 개통에 맞춰 2029년까지 준공을 목표로 하고 있습니다. 청량리역은 GTX 외에도 1호선, 경의중앙선, 경춘선, 수인분당선 등 다양한 철도망과 60여 개의 버스 노선이 지나고 있어 GTX 개통과 함께 명실상부한 서울 강북권 최대의 교통 중심지로 기대되는 곳입니다.

복합환승센터는 1호선, 수인분당선에서는 지하 연결통로로 이어지고, 지상철인 KTX, 경의중앙선, 경춘선 등에서는 엘리베이터를 통해 지상에서 환승할 수 있도록 조성될 예정입니다.

청량리역 환승센터 구상도　　　　　　　　　　　　　　　　　　　- 출처: 서울시

▶ 청량리뉴타운

청량리뉴타운은 동대문구 청량리동, 제기동, 전농동, 용두동 일대에서 추진 중인 대규모 뉴타운 재개발 사업입니다. 이 지역은 전농답십리뉴타운과 인접해 있어 하나의 주거 및 상업 중심지를 형성하기에 충분한 잠재력을 지니고 있습니다.

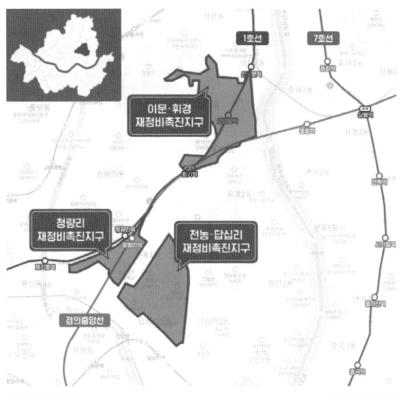

동대문구 재개발 사업   - 출처: 아시아투데이

청량리역은 서울 동부 지역의 교통 중심지로 입지 상승이 예상되는 지역으로 과거의 낡은 이미지를 탈피하고 있으며 인근에 이미 많은 신축 아파트 단지가 들어서고 있습니다. 현재는 청량리역롯데캐슬SKY-L65 1,425세대, 청량리역한양수자인 1,152세대 등 대단지 신축 아파트가 입주한 상태이며, 청량리 6구역의 1,501세대, 청량리 7구역의 761세대, 청량리 8구역의 576세대가 추가로 입주할 예정입니다.

▶ 이문휘경뉴타운

이문휘경뉴타운은 동대문구 이문동과 휘경동 일대에서 추진 중인 대규모 뉴타운 재개발 사업으로 총 15,000세대 규모로 조성될 예정입니다. 이 지역은 이문1동과 휘경1동에 걸쳐 있으며 1호선 회기역, 외대앞역, 신이문역 일대를 중심으로 우수한 교통 인프라를 자랑합니다. 청량리역에서 GTX-B, C 노선도 예정되어 있어 서울 주요 업무지구로의 이동이 수월합니다.

휘경 1구역, 휘경 2구역은 이미 입주가 완료되었으며, 휘경 3구역과 이문동 일대 개발이 이어지고 있습니다. 이문 4구역은 마지막 주자로 사업시행계획 인가를 받아 프리미엄 주거타운으로의 기대를 모으고 있습니다.

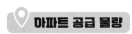

▶연간 적정 입주 물량: 1,708세대

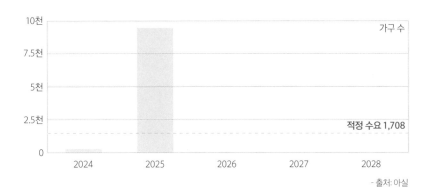

- 출처: 아실

동대문구의 연간 적정 입주 물량은 1,708세대지만, 2025년에는 래미안라 그란데, 휘경자이디센시아, 이문아이파크자이가 한꺼번에 9,000여 세대 규모로 입주하게 됩니다. 따라서 당분간은 전세 시세에 큰 영향을 미쳐서 매매가가 상승하기엔 쉽지 않은 구조입니다.

하지만 앞으로 청량리역을 필두로 하는 다양한 개발 호재와 뉴타운 사업 등이 진행되는 점을 볼 때 현재의 신축 아파트의 가치는 추후에 더 인정받을 가능성이 큽니다.

No	지역	아파트명	입주 예정	총 세대수
1	신설동	신설동역자이르네(도시형)	2024년 11월	143세대
2	이문동	래미안라그란데	2025년 1월	3,069세대
3	휘경동	휘경자이디센시아	2025년 6월	1,806세대
4	용두동	힐스테이트청량리메트로블(도시형)	2025년 7월	288세대
5	이문동	이문아이파크자이	2025년 11월	4,321세대
총 세대수				9,627세대

5. 투자 포인트

신고가 대비 가격 조정이 많이 된 아파트

- 아파트명: **휘경SK뷰**
- 법정동: 휘경동
- 준공년도: 2019년
- 세대수: 900세대
- 신고가: 14.25억 원 (2021.8)
- 6개월 내 신고가: 10.6억 원 (2024.2)

휘경SK뷰 위치도

\- 출처: 네이버지도

휘경SK뷰는 1호선 외대앞역에서 가까운 거리에 위치해 있고, 2019년 준공된 신축급의 아파트입니다. 휘경SK뷰는 2021년 당시 14억 원을 넘기는 신고가를 기록하기도 하였는데, 현재는 10억 원대까지 하락한 상태입니다. 2025년 6월 입주 예정인 휘경자이디센시아의 분양가를 봤을 때는 상대적으로 지금이 저렴한 가격으로 보일 수 있습니다.

📍 청량리역 인근 아파트

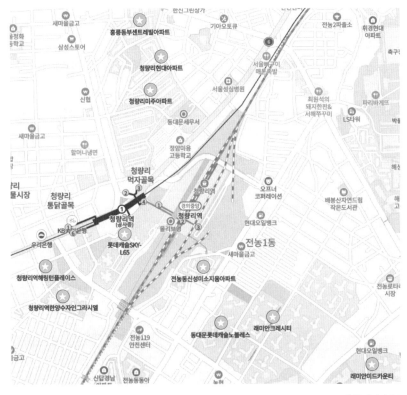

주요 아파트 위치도   - 출처: 네이버지도

동대문구의 드라마틱한 변화를 이끌고 있는 청량리역 주변에는 대단지 신축 아파트와 재건축이 추진되고 있는 오래된 아파트, 구축 아파트들이 모두 혼재되어 있습니다. 확정된 호재만 해도 여러 가지가 있는 지역이기 때문에 앞으로의 미래 가치는 높다고 볼 수 있습니다.

No	아파트명	준공년도	세대수	최근 34평 실거래가 (2024.06기준)
1	SKY-L65	2023	528	(36평) 18.79억 원
2	청량리역해링턴플레이스	2023	220	9.4억 원
3	청량리미주	1978	1,089	10.1억 원
4	청량리역한양수자인그라시엘	2023	1,152	(37평) 15억 원
5	래미안미드카운티	2018	1,009	12.8억 원
6	전신성미소지움	2005	385	9.7억 원
7	동대문롯데캐슬노블레스	2018	584	13억 원
8	래미안크레시티	2013	2,397	13.4억 원
9	홍릉동부	2001	521	11.7억 원
10	청량리현대	1987	241	8.2억 원

📍 **청량리 주요 재개발 구역**

청량리뉴타운, 이문휘경뉴타운으로 대표되는 재개발 정비사업의 규모가 굉장히 크기 때문에 지금과 같이 재개발 프리미엄이 많이 조정된 시기에 주목할 만한 구역들이 있습니다.

No	구역	진행단계	예상 소요기간	최소 초기투자금 시세
1	청량리6구역	조합설립인가	9년	4.8억 원
2	이문4구역	사업시행인가	8년	5.5억 원
3	전농8구역	조합설립인가	10년	5억 원
4	제기4구역	관리처분인가	5년	5억 원
5	청량리8구역	조합설립인가	9년	5억 원
6	답십리17구역	분양	2년	6.5억 원
7	청량리7구역	분양	2년	7.4억 원
8	이문1구역	분양	1년	7.5억 원
9	이문3-1구역	분양	2년	7.5억 원
10	휘경3구역	분양	2년	7.5억 원
11	제기6구역	관리처분인가	6년	7.9억 원
12	전농도시환경정비구역	조합설립인가	10년	9억 원

III
서울 지역 황금 입지 TOP 6

영등포구
여의도 재건축으로 서울의 스카이라인이 바뀐다!

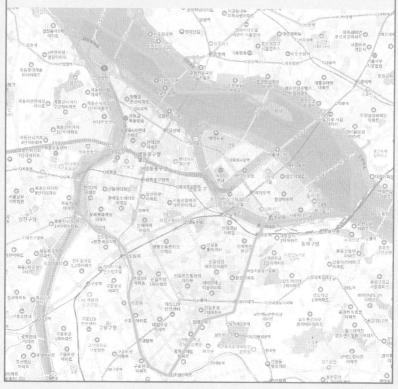

출처: 카카오지도

> ▶ **인구수:** 374,920명 (14위/25개 구)
> ▶ **주요동(인구순):** 신길동, 대림동, 여의도동, 도림동, 영등포동, 문래동, 당산동, 양평동 순
> ▶ **랜드마크:** 여의도, 영등포시장, IFC, 더현대서울, 금융기관

영등포구는 서울의 대표적인 금융 중심지이며 대규모 개발계획과 여의도 재건축 사업으로 미래 가치가 높게 평가되는 지역입니다. 중학교 학업 성취도는 서울시 25개 구 중 12위를 기록하고 있습니다. 여의도 한강공원 등 자연환경도 잘 조성되어 있습니다.

여의도 재건축을 제외하고도 신길동 가로주택정비, 영등포 유통상가 시장정비사업, 문래동 4가, 양평 14구역 등이 재개발 사업을 추진 중이거나 조합설립인가 단계에 있어 앞으로 개발될 여지가 많습니다.

영등포구는 금융 중심지인 여의도를 포함하고 있어 높은 작업환경 및 상업시설, 우수한 교통망 및 다양한 개발 호재로 인해 부동산 시장에서 매우 경쟁력 있는 지역으로 평가됩니다.

여의도역→강남역 지하철 노선도

- 출처: 네이버지도

영등포구는 서울 중앙에 위치하여 서울 3대 일자리 권역으로 빠르게 도달할 수 있다는 장점을 지닌 곳입니다. 여의도역을 기준으로 9호선을 이용하면 강남역까지 급행으로 빠르게 도달할 수 있고, 광화문도 10분대에 도달할 수 있습니다.

3. 주요 아파트 시세

영등포구(9위/서울25개 구)

여의도동: 19.1억 원 / 영등포동: 15.5억 원 / 신길동: 13.2억 원 /

당산동5가: 13억 원 / 당산동3가: 12억 원 / 문래동3가: 11.3억 원

(34평 2024.3 기준)

주요 아파트 위치도

- 출처: 네이버지도

영등포구의 중심은 단연 여의도동입니다. 여의도동은 영등포구의 속해 있지만 탈 영등포의 이미지가 강한 곳으로 그만큼 영등포구에서 가장 비싼 시세를 보이고 있습니다.

그 밖에는 한강변에 있으면서 2호선, 9호선 더블역세권인 당산동과 신길뉴타운의 아파트가 높은 시세를 보이고 있습니다.

순위	아파트	동	준공	세대수	신고가 (34평)	6개월 내 신고가	가격 변동	변동
1	시범	여의도동	1971	1,584	26.00억 원	26.65억 원	0.65억 원	2.5%
2	광장	여의도동	1978	744	23.00억 원	24.90억 원	1.90억 원	8.3%
3	한양	여의도동	1975	588	22.00억 원	23.80억 원	1.80억 원	8.2%
4	화랑	여의도동	1977	160	21.90억 원	20.70억 원	-1.20억 원	-5.5%
5	미성	여의도동	1978	577	21.20억 원	21.60억 원	0.40억 원	1.9%
6	당산센트럴아이파크	당산동	2020	802	18.95억 원	16.70억 원	-2.25억 원	-11.9%
7	아크로타워스퀘어	영등포동	2017	1,221	17.85억 원	16.00억 원	-1.85억 원	-10.4%
8	래미안에스티움	신길동	2017	1,722	17.85억 원	15.00억 원	-2.85억 원	-16.0%
9	당산삼성래미안	당산동	2003	1,391	17.30억 원	16.30억 원	-1.00억 원	-5.8%
10	진주	여의도동	1977	376	17.00억 원	-	-	-

교통망 신설 계획

▶ 서부선 개통

서부선 개통 사업은 6호선 새절역과 2호선 서울대입구역을 연결하는 것이 목표입니다. 전체 연장은 15.6킬로미터이며 16개의 신설역이 포함됩니다.

서부선은 서울의 교통 구조를 개선하고 주거 환경을 향상시킬 것으로 기대됩니다. 또한 신림선과의 연결, 고양은평선과의 광역철도 연결 등 다양한 확장 계획이 진행 중입니다.

서부선 노선도 　　　　　　- 출처: 서울시

여의도를 기준으로 남쪽과 북쪽으로 모두 연결성이 좋아지기 때문에 영등포구에도 큰 호재가 되는 사업입니다.

▶ 신안산선 개통 예정

신안산선 복선전철은 지하 40미터 이하 대심도에 건설해 최대 시속 110킬로미터로 운행하는 광역철도로 2025년 개통을 목표로 하고 있습니다. 개통을 하면 안산에서 여의도까지 25분만에 도착할 수 있어 수도권 서남부 지역 주민들의 대중교통 여건이 획기적으로 개선될 것으로 기대되는 사업입니다. 경기도 안산시와 서울시 금천구가 가장 큰 수혜를 입을 것으로 예상되지만 영등포구 지역도 다른 지역과의 연계성이 좋아지기 때문에 호재로 보고 있습니다.

▶ 국회대로 지하화 공사

전체 사업구간 7.6킬로미터의 국회대로 지하화는 양천구 신월IC부터 영등포구 국회의사당 교차로까지 진행되는 사업입니다. 사업기간은 2025년 12월까지로 강서구 신월IC부터 화곡고가사거리까지 4킬로미터 구간이 지상 공원화될 예정입니다.

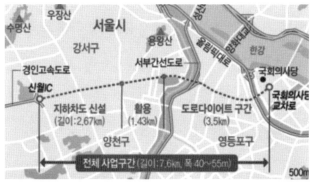

국회대로 지하화 공사   - 출처: 서울시

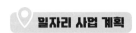

▶ **여의도 금융중심지구 단위 계획**

서울시가 여의도 금융중심지에 혁신 디자인 건축물을 대상으로 용적률을 1,200퍼센트 이상으로 완화하고 높이 규제를 폐지합니다. 이에 따라 현재 여의도 최고층 빌딩인 파크원빌딩(333미터)을 넘어 350미터 높이의 초고층 빌딩이 들어서면 여의도 한강변의 스카이라인도 입체적으로 바뀔 예정입니다.

서울시는 적극적인 금융기능 도입, 다양한 도시기능 복합화, 보행 중심의 도시환경 조성, 세계적인 수변도시 경관 창출 등 4가지 방향을 정하고 이번 지구 단위 계획을 수립했습니다. 특히 전체 대상지를 국제금융중심지구, 금융업무지원지구, 도심기능지원지구, 도심주거복합지구 등 4개 지구로 나누어 각 구역에 적합한 공간계획을 마련하고 건축물의 용적률, 높이, 용도 등을 구상하고 있습니다.

계획안에 따르면 국제금융중심지구 내 금융특정개발진흥지구는 용도지역 조정 가능지로 지정해 일반상업지역에서 중심상업지역으로 용도지역을 상향할 수 있도록 했습니다.

여의도 금융 중심 지구 단위 계획   - 출처: 서울시

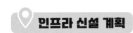

▶ 여의도 공원 내 제2세종문화회관

서울시는 단순한 근린공원 기능에 머물렀던 여의도공원을 세계적인 도심 문화공원으로 재편하고 2,000석 규모의 대규모 공연장과 400석 규모의 소 공연장, 음식점, 문화교육시설이 들어서는 제2세종문화회관으로 조성한다 는 발표를 했습니다.

2026년 착공을 목표로 2024년 상반기에 디자인 공모가 진행되며, 제2세종문화회관은 여의도공원 북쪽 LG쌍둥이빌딩 맞은편에 들어설 계획입니다. 제2세종문화회관이 조성되면 여의도공원은 서울을 대표하는 문화시설로 다양한 활동을 지원하면서 풍부한 녹지와 공간을 보유한 공원도심 문화공원으로 재편될 계획입니다.

제2세종문화회관 조감도
　　　　　　　　　　　　　　　　　　　　　　　　　　- 출처: 서울시

 정비사업 예정 지구

▶ 여의도 초고층 아파트 재건축 추진

준공된 지 50년이 가까워지는 여의도 일대 아파트 단지의 재건축 사업이 활발하게 추진되고 있습니다. 정비구역 지정을 마치거나 조합설립 인가를 진행하는 등 속도를 내고 있는 여의도 재건축 사업은 최고 층수를 50층 이상으로 설계하는 방안을 적극 추진하고 있습니다.

여의도에서 재건축을 추진하는 단지는 총 17개 단지로 약 8,000가구 규모입니다. 공작, 광장, 대교, 목화, 미성, 삼부, 삼익, 서울, 수정, 시범, 은하, 장미, 진주, 초원, 한양, 화랑 아파트 등에서 재건축 사업을 진행하고 있습니다. 여의도의 재건축 사업은 아파트가 노후화되었지만 용적률이 낮고 대지지분이 적어 사업성이 떨어진다는 이유로 그동안 사업이 지지부진했었습니다. 하지만 서울시가 신속통합기획 정비사업을 통해 각종 용적률 인센티브 등을 제공하면서 상황이 달라졌습니다. 서울시는 혁신적인 디자인을 조건으로 50층 이상의 초고층 아파트 건립도 허용한다는 방침입니다.

여의도한양아파트 재건축 조감도

- 출처: 현대건설

▶ 영등포역 인근 정비사업

서울의 대표적인 구도심 중 하나인 영등포역 일대도 변화를 준비하고 있습니다. 영등포역 인근 신길 2구역에는 최고 49층으로 총 2,550가구가 공급될 예정이며, 과거 집장촌이 위치했던 지역에는 도심 역세권 도시정비형 재개발 사업이 추진되고 있습니다.

영등포동4가 431-6번지 일대는 땅의 용도가 상업지구인 만큼 용적률 700퍼센트를 적용받아 최고 150미터에 달하는 초고층 건축물을 올린다는 계획입니다. 이곳에는 약 999가구의 공동주택과 부대시설 및 복리시설이 들어설 예정입니다. 그리고 쪽방촌 일대에는 1,190가구 규모의 공공주택사업이 추진 중입니다.

영등포구 신길 2구역 재개발 투시도

- 출처: 서울시

 **아파트 공급 물량**

▶ **연간 적정 입주 물량: 1,874세대**

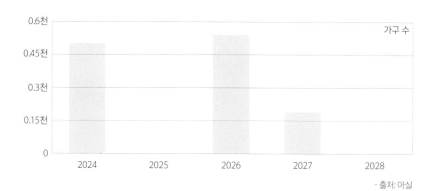

- 출처: 아실

영등포구의 연간 적정 입주물량은 1,874세대로 2024년부터 4년간 공급되는 아파트는 턱없이 부족한 형편입니다. 따라서 여의도 재건축 아파트에 대한 기대감은 계속 높아질 것으로 보입니다. 또한 비교적 최근에 입주한 신길뉴타운과 당산센트럴아이파크의 가치도 계속 유지될 것으로 보입니다.

No	지역	아파트명	입주 예정	총 세대수
1	대방동	서울대방 신혼희망타운	2027년 6월	183세대
2	양평동	영등포자이디그니티	2026년 3월	539세대
3	영등포동	센트레빌아스테리움영등포	2024년 8월	156세대
4	신길동	신길AK푸르지오(도시형)	2024년 7월	296세대
5	당산동	더클래스한강(도시형)	2024년 2월	52세대
총 세대수				1,226세대

5. 투자 포인트

신고가 대비 가격 조정이 많이 된 아파트

- 아파트명: **래미안에스티움**
- 법정동: 신길동
- 준공년도: 2017년
- 세대수: 1,722세대
- 신고가: 17.85억 원 (2021.10)
- 6개월 내 신고가: 14.5억 원 (2023.9)

래미안에스티움 위치도   - 출처: 네이버지도

신길뉴타운의 대표적인 아파트인 래미안에스티움은 최근 신고가 대비 많은 가격 하락이 있었습니다. 하지만 7호선 신풍역과 아파트 단지가 바로 연결되는 초역세권 아파트라는 장점이 확실한 곳입니다. 신축 아파트 공급이 부족한 영등포구에서 그 가치가 충분하기 때문에 가격 회복의 가능성을 높게 보고 있습니다.

📍 여의도 재건축 아파트

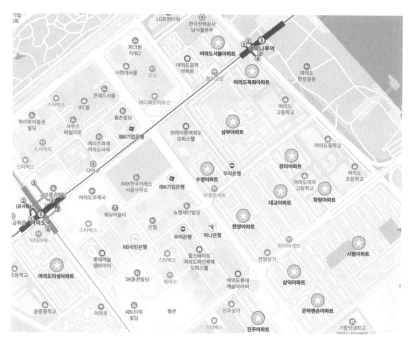

여의도 재건축 아파트

- 출처: 네이버지도

여의도에 위치한 아파트가 대부분 1970년대에 지어졌기 때문에 이제 50여

년의 세월을 맞이하고 있습니다. 업무시설, 상업시설, 자연환경 등 부동산 입지로써는 완벽에 가까운 아파트이기 때문에 용적률 인센티브를 받고 초고층 아파트로 변모하기 시작하면 완전히 바뀌는 스카이라인처럼 부동산 가치도 변화할 것입니다.

No	아파트명	준공년도	세대수
1	대교	1975	576
2	목화	1977	312
3	미성	1978	577
4	삼부	1975	866
5	삼익	1974	360
6	서울	1976	192
7	수정	1976	329
8	시범	1971	1,584
9	은하	1974	360
10	장미	1978	196
11	진주	1977	376
12	초원	1971	153
13	한양	1975	588
14	화랑	1977	160

📍 영등포역 호재 인근 아파트

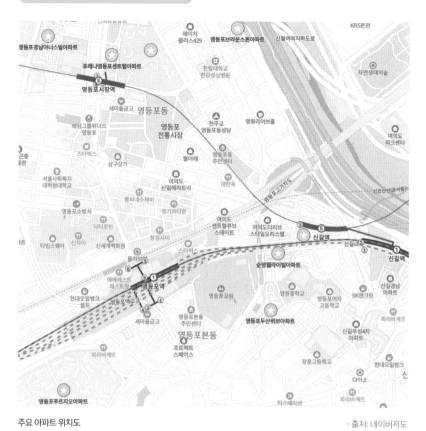

주요 아파트 위치도

- 출처: 네이버지도

영등포역 주변에는 아직도 기피시설인 집장촌과 노후화된 상업시설이 많이 있습니다. 과거 준공업지역이었던 성수동 일대가 천지개벽된 것처럼 용적률 상향, 인프라 정비, 정비사업 등의 호재로 인해 영등포역 일대는 자연스럽게 가치 상승이 이어질 것이며 주변의 아파트 단지 역시 혜택을 받을 것으로 기대됩니다.

No	아파트명	준공년도	세대수	최근 34평 실거래가 (2024.06기준)
1	영등포경남아너스빌	1998	600	10.27억 원
2	영등포브라운스톤	2004	118	8억 원
3	영등포아크로타워스퀘어	2017	1,221	16억 원
4	포레나영등포	2020	185	12.4억 원
5	영등포푸르지오	2002	2,462	11.3억 원
6	영등포두산위브	2004	271	8.2억 원
7	순영웰라이빌	2002	136	6.9억 원

III
서울 지역 황금 입지 TOP 6

은평구

GTX-A와 서울혁신파크가 금평구를 만든다!

출처: 카카오지도

> ▶ **인구수**: 466,968명 (6위/25개 구)
>
> ▶ **주요동(인구순)**: 응암동, 불광동, 진관동, 신사동, 역촌동, 갈현동, 녹번동, 구산동, 대조동, 수색동 순
>
> ▶ **랜드마크**: 서울혁신파크, 은평한옥마을, 롯데몰

은평구는 서울시 서북부에 위치해 있으며, 서북부 지역에서도 개발 잠재력이 높은 지역으로 평가받고 있습니다. GTX-A 노선의 개통으로 접근성이 좋아지고 지속적인 개발 및 재건축 사업으로 인해 지금까지 상대적으로 저렴했던 부동산 가치가 중장기적으로 큰 상승을 할 것으로 기대되는 지역입니다.

은평구는 녹지비율이 높은 점이 장점인 지역으로 GTX-A 노선 이외에도 수도권 접근성을 높일 수 있는 다양한 교통 호재가 있기 때문에 앞으로 미래 가치가 기대되는 곳입니다.

구파발역→광화문역 지하철 노선도   - 출처: 네이버지도

은평구를 지나는 대표적인 지하철 노선은 3호선입니다. 주거지로서 녹지공간이 많아 쾌적성이 좋은 곳이지만 물리적으로 강남과의 거리가 멀다는 것이 가장 아쉬운 지역입니다.

구파발역을 기준으로 여의도까지 33분, 광화문까지 20분이 소요되지만 강남역까지 나가려면 44분이 걸립니다.

3. 주요 아파트 시세

은평구(18위/서울25개 구)

수색동: 11억 원 / 응암동: 10.6억 원 / 녹번동: 9.8억 원 / 불광동: 8.9억 원 /

진관동: 8억 원 / 구산동: 7.2억 원 / 갈현동: 6.9억 원 / 증산동: 6.5억 원

(34평 2024.3 기준)

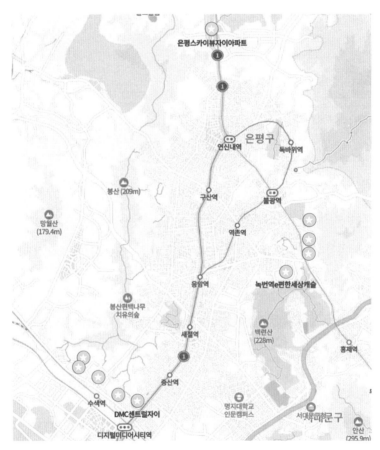

주요 아파트 위치도

- 출처: 네이버지도

은평구에서는 1기 뉴타운으로 개발되었던 진관동이 오랫동안 가장 높은 시세를 보였습니다.

하지만 2010년대 후반부터 수색뉴타운, 증산뉴타운이 조성되어 입주를 시작하였고, 녹번동, 응암동에 대단지 신축 아파트들이 입주하면서 이들 지역을 중심으로 시세는 상향 평준화를 보이는 형국을 보이고 있습니다.

순위	아파트	동	준공	세대수	신고가 (34평)	6개월 내 신고가	가격 변동	변동
1	DMC센트럴자이	증산동	2022	1,388	17.20억 원	14.95억 원	-2.25억원	-13.1%
2	DMC SK뷰	수색동	2021	753	15.45억 원	13.70억 원	-1.75억 원	-11.3%
3	힐스테이트녹번	녹번동	2018	952	14.50억 원	11.50억 원	-3.00억 원	-20.7%
4	래미안베라힐즈	녹번동	2019	1,305	14.40억 원	11.99억 원	-2.41억 원	-16.7%
5	DMC파인시티자이	수색동	2023	1,223	14.12억 원	-	-	-
6	녹번역e편한세상캐슬	응암동	2020	2,569	14.11억 원	11.90억 원	-2.21억 원	-15.7%
7	DMCSK뷰아이파크포레	수색동	2023	1,466	13.70억 원	10.20억 원	-3.50억 원	-25.5%
8	북한산푸르지오	녹번동	2015	1,230	13.65억 원	10.00억 원	-3.65억 원	-26.7%
9	DMC롯데캐슬더퍼스트	수색동	2020	1,192	13.00억 원	11.03억 원	-1.97억 원	-15.2%
10	은평스카이뷰자이	진관동	2019	361	12.93억 원	10.70억 원	-2.23억 원	-17.2%

4. 호재 분석

 교통망 신설 계획

▶ **GTX-A**

운정과 동탄을 잇는 광역철도 노선인 GTX-A 노선은 수서-용인-동탄의 32.7킬로미터 구간이 2024년 상반기에 드디어 개통했습니다. 이 구간의 운행으로 화성시 동탄에서 수서까지 30분 생활권이 구축되었습니다.

운정에서 서울역까지는 2024년 하반기에 개통 예정이며, 2025년에는 전 구간이 운영 예정에 있습니다. 은평구는 그동안 강남으로의 접근성이 단점이었기 때문에 GTX-A 노선의 개통으로 단점이 많이 해소될 것으로 보입니다.

▶ **서부선**

서부선 도시철도 사업은 6호선 새절역과 2호선 서울대입구역을 연결하는 것이 목표입니다. 전체 연장은 15.6킬로미터이며 신설역 16개가 포함됩니다. 서부선은 서울의 교통 구조를 개선하고 주거 환경을 향상시킬 것으로 기대됩니다. 또한 신림선과의 연결, 고양은평선과의 광역철도 연결 등 다양한 확장 계획이 진행 중입니다.

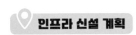
▶ 서울혁신파크 개발

은평구 녹번동에 위치한 서울혁신파크 부지에는 삼성동 코엑스와 맞먹는 규모의 복합시설이 들어설 예정입니다. 서울시는 지하철 3·6호선 불광역 옆에 위치한 서울혁신파크 부지에 대규모 복합쇼핑몰과 산업 클러스터, 주거단지 등을 조성할 계획이라고 밝혔습니다. 축구장 15개에 맞먹는 11만㎡ 규모의 부지는 현재 서울시가 활용가능한 부지 중 가장 큰 규모입니다.

삼성동 코엑스의 연면적이 46만㎡인데 앞으로 이곳에 연면적 약 50만㎡ 규모의 시설이 조성되면 서울 서북권의 발전을 견인할 새로운 경제생활문화 중심이 될 것입니다. 공간은 크게 일자리 창출을 위한 첨단산업단지, 주거단지, 쇼핑몰, 여가시설 등 복합문화공간으로 나눠서 조성될 예정입니다. 서울시는 2025년 하반기에 착공해 2030년까지 빠르게 준공한다는 방침입니다.

서울혁신파크 개발 계획 　　　　　　　　　　　　　　　　　- 출처: 서울시

▶ 수색역세권 개발사업

수색역세권에는 삼표에너지 본사와 롯데에서 조성하는 종합쇼핑몰 등이 들어올 예정입니다. 또한 이곳에 세계문화박물관, K팝 홍보관, 공연장 등을 만들어 상권을 활성화할 계획이라고 합니다. 수색역과 서울혁신파크, 불광천 방송문화거리 등과 연계해 경제와 문화의 거점 지역으로 조성한다는 계획입니다.

수색역세권 개발 조감도   -출처: 서울시

▶ 유해시설 변전소 지중화 사업

현재 운전중인 변전소 가운데 가장 오래된 변전소가 서울시 은평구 수색동에 있는 수색변전소입니다. 수색변전소 지중화 사업은 2011년 은평구와 한국전력공사가 수색증산뉴타운 사업의 일환으로 업무협약을 체결한 사업입니다. 변전시설과 고압선을 지하 30~40미터로 내려보내고, 지상부지는 업무시설, 공원시설, 문화체육시설로 탈바꿈시키는 사업입니다.

이곳에 한국전력 서대문·은평지사 복합사옥 신축공사를 통해 지상 3층의 업무시설과 지하 5층의 변전소 시설을 갖춘 복합업무시설 등이 들어설 계획입니다. 그동안 기피시설로 인식되던 변전소가 지하로 내려가고 지상에 도시공원 등이 세워지면 주변 지역에 호재로 작용할 것입니다.

한국전력 서대문 은평지사 복합사옥 조감도   - 출처: 서울시

아파트 공급 물량

▶ **연간 적정 입주 물량: 2,330세대**

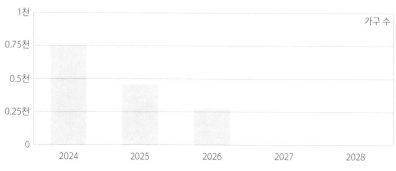

- 출처: 아실

은평구의 연간 적정 입주 물량은 2,330세대지만 2024년부터 4년간 입주 물량을 보면 총 1,466세대로 입주 물량이 턱없이 부족합니다.

진관동에 452세대의 신축 아파트를 제외하고는 의미 있는 입주 물량이 없기 때문에 현재 은평구에서 활발하게 진행되고 있는 갈현, 대조 구역 등의 재개발 정비사업이 추후에 가치 상승할 가능성이 큽니다.

No	지역	아파트명	입주 예정	총 세대수
1	역촌동	센트레빌아스테리움시그니처	2024년 11월	752세대
2	진관동	서울은평뉴타운디에트르더퍼스트	2025년 6월	452세대
3	신사동	은평자이더스타(도시형)	2026년 5월	262세대
총 세대수				1,466세대

5. 투자 포인트

신고가 대비 가격 조정이 많이 된 아파트

- 아파트명: **은평스카이뷰자이**
- 법정동: 진관동
- 준공년도: 2019년
- 세대수: 361세대
- 신고가: 12.93억 원 (2021.8)
- 6개월 내 신고가: 10억 원 (2024.1)

은평스카이뷰자이 위치도

- 출처: 네이버지도

은평스카이뷰자이는 이제 조성된 지 오래 되어 가는 진관동에 비교적 최근에 들어선 주상복합 아파트입니다. 북한산 자락을 끼고 있어 높은 연령대의 선호도가 높고, 자연환경의 중요성이 커지는 지금 가격대 회복의 가능성은 높습니다. 또한 3호선 구파발역과 초역세권에 있어 진관동의 다른 아파트보다 우위에 있습니다.

GTX-A 연신내역 인근 단지

GTX-A 노선 개통의 가장 큰 수혜를 받는 지역 중 하나가 GTX-A 정차역이 될 연신내역 인근 지역입니다. 특히 대단지 아파트인 북한산힐스테이트 7차와 재건축 연한을 채우고 정밀안전진단을 통과한 불광동 미성아파트는 가치가 높아질 것으로 예상됩니다.

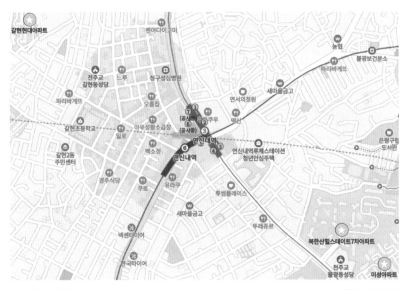

주요 아파트 위치도   - 출처: 네이버지도

No	아파트명	준공년도	세대수	최근 34평 실거래가 (2024.06기준)
1	북한산힐스테이트 7차	2011	882	10.5억 원
2	불광동미성	1988	1,340	7.55억 원
3	갈현현대	1997	278	6.4억 원

서울·경기

입지 분석

TOP 12

IV
경기 지역 황금 입지 TOP 6

성남시

제2의 강남구로 거듭나는 성남의 발전을 지켜보자!

출처: 카카오지도

> ▶ **인구수**: 918,771명 (4위/경기 28개 시)
> ▶ **구별 인구순**: 분당구, 수정구, 중원구 순

경기도 성남시는 분당구, 중원구, 수정구로 구성되어 있습니다. 성남시는 서울과 인접해 있어 교통이 편리하고, 생활 인프라 및 학군 등 여러 면에서 뛰어난 조건을 갖춘 지역입니다.

성남시 부동산 시장은 특히 분당구가 중심이 되어 고급 주거 환경과 우수한 학군, 빠른 교통 접근성을 자랑합니다. 성남시에는 판교테크노밸리와 함께 네이버 등 많은 기업이 자리하고 있어 일자리가 풍부하고 자급자족이 가능한 도시로 평가받고 있습니다. 앞으로도 많은 개발 프로젝트 및 인프라 확충 계획이 있기 때문에 투자 가치가 기대되는 지역입니다.

정자역→강남역 지하철 노선도　　　　- 출처: 네이버지도

성남시에는 8호선, 수인분당선, 신분당선이 지나고 있습니다. 그중 강남역을 지나는 신분당선과 선릉역까지 연결되는 수인분당선을 이용하면 서울 3대 일자리 권역 중 하나인 강남으로의 접근이 편리합니다.

다만 정자역을 기준으로 여의도까지 36분, 광화문까지 44분이 소요되는 점은 단점이라고 할 수 있습니다. 그러나 경기도의 대표적인 일자리인 판교테크노밸리 판교역까지 연결되는 지하철이 있다는 점은 장점입니다.

3. 주요 아파트 시세

백현동: 17.25억 원 / 정자동: 14.15억 원 / 삼평동: 14.13억 원 /
수내동: 14.12억 원 / 판교동: 13.7억 원

(34평 2024.3 기준)

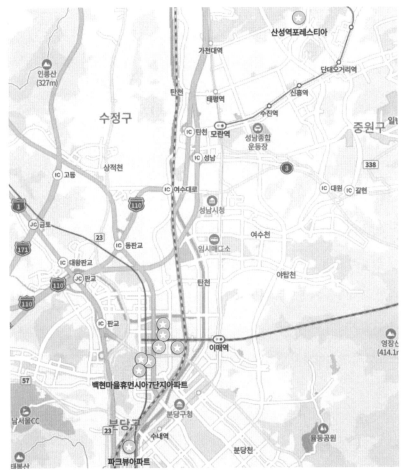

주요 아파트 위치도

- 출처: 네이버지도

성남시의 시세를 견인하는 지역은 분당구로 다른 구에 비해 압도적으로 높은 시세를 보이고 있습니다. 수정구와 중원구에서는 2020년대 입주한 신축 아파트를 중심으로 높은 시세를 보입니다.

분당구에서도 특히 판교는 예외적으로 높은 시세를 보이는 지역으로 대단지 아파트가 많은 동판교와 고급주택이 많이 위치한 서판교가 높은 시세를 보입니다.

순위	아파트	동	준공	세대수	신고가 (34평)	6개월 내 신고가	가격 변동	변동
1	판교푸르지오그랑블(38평)	분당구 백현동	2011	948	27.30억 원	26.50억 원	-0.80억 원	-2.9%
2	백현2단지휴먼시아	분당구 백현동	2009	772	21.00억 원	17.95억 원	-3.05억 원	-14.5%
3	백현5단지휴먼시아	분당구 백현동	2009	584	20.00억 원	18.00억 원	-2.00억 원	-10.0%
4	파크뷰	분당구 정자동	2004	1,829	19.80억 원	18.50억 원	-1.30억 원	-6.6%
5	백현6단지휴먼시아	분당구 백현동	2009	396	19.45억 원	18.00억 원	-1.45억 원	-7.5%
6	백현7단지휴먼시아	분당구 백현동	2009	464	19.10억 원	17.50억 원	-1.60억 원	-8.4%
7	봇들7단지엔파트	분당구 삼평동	2009	585	19.10억 원	18.50억 원	-0.60억 원	-3.1%
8	봇들8단지휴먼시아	분당구 삼평동	2009	447	19.00억 원	19.00억 원	0	0.0%
9	산성역포레스티아	수정구 신흥동	2020	4,089	18.25억 원	13.70억 원	-4.55억 원	-24.9%
10	위례센트럴자이	수정구 창곡동	2017	1,413	17.30억 원	14.80억 원	-2.50억 원	-14.5%

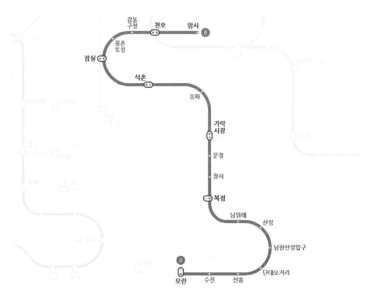

교통망 신설 계획

▶ 8호선 판교 연장

8호선 연장 사업은 모란역부터 판교역까지 3.86킬로미터를 연장하는 사업입니다. 판교역은 현재 신분당선과 경강선이 지나고 있는데 8호선이 모란역에서 판교역까지 바로 연결되면 분당구에 비해 상대적으로 교통이 불편했던 수정구와 중원구에 큰 호재로 작용할 수 있습니다. 2010년대 중반부터 사업을 추진했으나 예비타당성 조사를 통과하지 못해 2024년에 다시 신청한다는 계획에 있습니다.

현행 8호선 노선도   - 출처: 네이버지도

▶ 성남 1호선 추진

트램은 지하철과 비교하여 비용이 적게 들고 전기 또는 수소를 동력원으로 하기에 친환경 이동수단으로 여겨지고 있습니다. 성남시는 구도심인 중원구와 수정구를 판교신도시와 분당신도시로 연결하는 교통편으로 트램을 이용하는 사업을 추진하고 있습니다.

성남 1호선은 판교역에서 모란역을 거쳐 상대원동에 위치한 성남산업단지를 연결하는 노선으로, 총 연장은 10.38킬로미터로 판교역, 야탑역, 모란역 등 총 13개 역을 경유합니다. 성남 1호선이 개통하면 신분당선(판교역), 경강선(판교역), 수인분당선(야탑역, 모란역), 8호선(모란역) 등의 환승이 가능해지기에 성남시에 큰 호재가 될 것으로 보고 있습니다. 해당 노선은 2025년 착공하여 2028년 개통한다는 목표로 추진 중에 있습니다.

성남 도시철도 노선도   - 출처: 성남시청

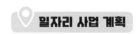

▶ 제3판교테크노밸리

가장 성공적인 일자리 조성 사업으로 자리 잡은 곳 중 하나가 제1, 2판교 테크노밸리입니다. 판교테크노밸리는 첨단기술과 핵심인재들의 메카로 2022년 기준 IT, 생명과학기술, 문화콘텐츠기술 분야의 1천 642개 입주기업이 120조 8천억 원의 매출 성과를 이뤘습니다.

제3판교테크노밸리는 글로벌 기업과 스타트업, 연구소를 동시에 유치하면서도 기존 판교테크노밸리의 단점인 직주 근접성을 보완하는 방향으로 조성될 예정입니다. 2025년부터 성남 금토 공공주택단지 7만 3천㎡ 부지에 1조 7천억 원을 투입하여 연면적 50만㎡ 규모로 조성될 예정입니다.

제3판교테크노밸리 사업 개요   - 출처: 경기도

정비사업 예정지구

▶ 분당 1기 신도시 재건축

노후계획도시 특별법은 택지가 조성된 지 20년이 넘은 100만㎡ 이상 노후 지역을 대상으로 재건축이나 리모델링에 필요한 정밀안전진단 규제를 면제, 완화하고 용적률을 최대 500퍼센트까지 올려 사업성 혜택을 부여하는 사업입니다.

최고 용적률 500퍼센트가 허용되면 30층 이상 재건축 아파트가 들어설 수 있고, 늘어난 용적률로 인해 일반분양이 늘어나 사업성이 좋아집니다. 가구수가 가장 많은 분당 지역이 큰 수혜를 받을 것으로 보고 있습니다.

▶ 신흥, 태평, 상대원 재개발

성남시 분당구는 1기 신도시로 조성된 곳인 만큼 재건축 호재가 있는 반면에 중원구와 수정구에는 여전히 노후 빌라, 단독주택 등이 많아 재개발 사업이 추진되는 곳이 많습니다.

특히 구도심 단독주택 밀집지역인 신흥 3구역과 태평 3구역이 총 6,300가구 규모의 아파트 단지로 탈바꿈할 예정입니다. 이 사업은 2031년 입주를 목표로 하고 있습니다. 이외에도 상대원 3구역도 정비구역 지정을 추진하고 있습니다. 상대원 3구역은 약 45만㎡ 면적에 9,400가구 규모의 대단지 아파트를 계획하고 있습니다. 이들 3개 구역을 모두 합치면 총 1만 5,700가구 규모의 대규모 아파트 단지로 변모할 전망입니다.

아파트 공급 물량

▶ 연간 적정 입주 물량: 4,599세대

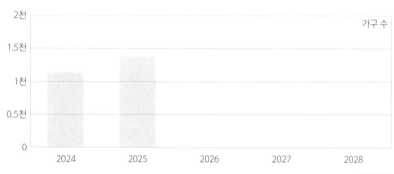

- 출처: 아실

성남시는 인구수가 90만 명을 넘어서는 대도시로 연간 적정 입주 물량은 4,599세대입니다. 하지만 2024년부터 공급되는 물량은 수요를 채우기에 턱없이 부족하며, 2026년 이후로는 공급 물량이 전무한 상황입니다.

따라서 2020년대에 들어선 수정구와 중원구의 신축 아파트들의 시세는 빠르게 회복될 가능성이 높습니다. 그리고 분당 지역 재건축에 대한 수요도 높아질 전망입니다.

No	지역	아파트명	입주 예정	총 세대수
1	분당구 대장동	성남판교대장신혼희망타운	2024년 9월	1,123세대
2	수정구 복정동	성남복정1지구 A1블록	2025년 12월	615세대
3	수정구 복정동	성남복정1지구A2블록신혼희망타운	2025년 12월	387세대
4	수정구 복정동	성남복정1지구A3블록신혼희망타운	2025년 12월	315세대
총 세대수				1.466세대

- 출처: 아실

5. 투자 포인트

📍 신고가 대비 가격 조정이 많이 된 아파트

- 아파트명: **산성역포레스티아**
- 법정동: 수정구 신흥동
- 준공년도: 2020년
- 세대수: 4,089세대
- 신고가: 18.25억 원 (2022.2)
- 6개월 내 신고가: 12억 원 (2023.11)

산성역포레스티아 위치도   - 출처: 네이버지도

성남시에서 두 번째로 세대수가 많은 대단지 아파트인 산성역포레스티아는 2022년 18.25억 원의 신고가를 기록한 이후 많은 하락을 겪은 아파트입니다. 분당구가 아닌 지역에서 18억 원을 넘겨 큰 화제가 되었던 아파트였지만 지금은 가격이 많이 하락한 상태입니다. 부족한 공급 물량으로 신축 아파트의 가치가 높은 성남시에서 다시금 주목해야 할 단지임이 분명합니다.

용적률 200% 이하 재건축 유망 단지

주요 아파트 위치도   - 출처: 네이버지도

1기 신도시의 대표격인 분당신도시는 1991년 시범아파트를 시작으로 1990년대 중반까지 입주가 계속 이어졌습니다. 그리고 이제는 분당구의 대부분 아파트들이 30년 연한에 도래하였고 재건축에 대한 목소리가 어느 때보다 커지고 있습니다.

1기 신도시 특별법으로 재건축 추진이 되는 것을 넘어 일정 면적과 노후도 요건 등을 갖춘 아파트 단지에게 혜택을 주는 노후계획도시 특별법이 도입되면서 어느 때보다 분당 지역 재건축에 대한 관심이 높아졌습니다. 단지별로 용적률이 상이해서 상품성에 대한 차이는 있지만 다수의 아파트가 재건축이 되는 시점에는 과천시를 넘어 경기도에서 가장 높은 시세를 보일 것으로 예상하고 있습니다.

No	아파트명	법정동	준공년도	세대수	최근 34평 실거래가 (2024.06기준)
1	시범한양	서현동	1991	2,419	14.7억 원
2	장미8단지현대	야탑동	1993	2,136	10.3억 원
3	시범우성	서현동	1991	1,874	14.1억 원
4	시범삼성.한신	서현동	1991	1,781	15.45억 원
5	상록우성	정자동	1995	1,762	15.8억 원
6	시범현대	서현동	1991	1,695	13.6억 원
7	장안타운건영2차	분당동	1994	1,688	9.2억 원
8	매화공무원2단지	야탑동	1995	1,185	(29평) 8억 원
9	이매한신3단지	이매동	1993	1,184	12.6억 원
10	이매삼성	이매동	1994	1,162	12.55억 원
11	한솔주공5단지	이매동	1994	1,156	(30평) 10.4억 원
12	장미동부코오롱	야탑동	1993	1,134	11.35억 원
13	까치롯데선경	구미동	1995	1,124	12.7억 원
14	한솔주공6단지	정자동	1995	1,039	(25평) 8.95억 원

GTX-A 성남역 인근 아파트

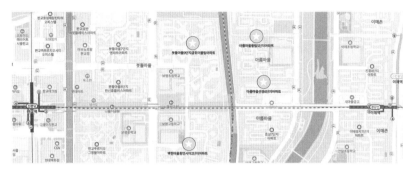

주요 아파트 위치도

성남시에서 GTX-A의 정차역으로 선정된 성남역은 신분당선 판교역과 수인분당선 이매역의 중간에 위치하게 됩니다. 따라서 현재는 판교역 또는 이매역과 도보권으로는 조금 불편함이 있었던 단지들이 GTX-A 성남역의 개통으로 수혜를 볼 가능성이 커 보입니다.

No	아파트명	준공년도	세대수	최근 34평 실거래가 (2024.06기준)
1	백현마을휴먼시아2단지	2009	772	17.95억 원
2	봇들9단지휴먼시아어울	2009	850	(38평) 20.55억 원
3	아름6단지선경	1993	370	14.7억 원
4	아름5단지풍림	1993	876	(37평) 13.2억 원

IV
경기 지역 황금 입지 TOP 6

고양시

1기 신도시 재건축의 중심, 일산을 기대한다!

출처: 카카오지도

> ▶ **인구수**: 1075,089명 (3위/28개 시)
> ▶ **구별 인구순**: 덕양구, 일산동구, 일산서구 순

고양시는 수도권 북서부에 위치한 도시로 다양한 주거, 업무, 상업, 교통 인프라를 갖춘 지역입니다. 고양시는 서울시와 인접해 있으며 서울 도심 지역 일자리 권역인 광화문, 종로로 출퇴근하는 인구를 많이 흡수하고 있는 지역입니다.

지금까지는 강남으로의 접근성이 가장 아쉬운 점이었는데, GTX-A 노선의 개통으로 강남권인 삼성역까지 10분대에 출퇴근이 가능해졌고, 서해선과 고양은평선 등 교통 인프라가 지속적으로 확장되고 있습니다.

고양시는 일산호수공원과 같은 풍부한 녹지 및 자연환경과 함께 우수한 학군 및 상업 인프라 등이 잘 갖추어져 있어 거주환경 측면에서 장점이 많습니다. 1기 신도시 일산을 중심으로 앞으로의 미래가 더 기대되는 곳입니다.

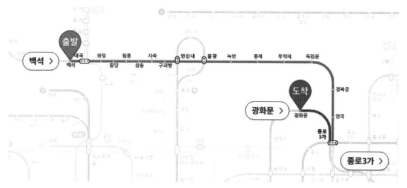

백석역→광화문역 지하철 노선도

- 출처: 네이버지도

고양시에는 지하철 3호선과 경의중앙선이 지나고 있습니다. 현재는 백석역을 기준으로 서울 3대 일자리 권역인 강남역까지 67분, 여의도까지 51분, 광화문까지 50분이 소요되어, 3대 일자리 권역 어디에도 빠르게 도달할 수 없다는 점이 최대 단점이었습니다.

하지만 GTX-A 노선이 개통하면 킨텍스역에서 서울역까지 13분, 삼성역까지 17분에 도달할 수 있기 때문에 이러한 단점이 많이 개선될 것으로 기대되고 있습니다.

3. 주요 아파트 시세

장항동: 8.5억 원 / 향동동: 8.27억 원 / 도내동: 7.91억 원 / 삼송동: 7.4억 원 /
원흥동: 7.19억 원 / 동산동: 7.15억 원 / 마두동: 6.88억 원 / 중산동: 6.55억 원

(34평 2024.3 기준)

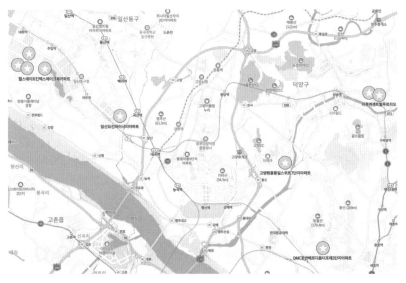

주요 아파트 위치도   - 출처: 네이버지도

고양시는 일산동구, 일산서구, 덕양구로 구성되어 있습니다. 우리가 흔히 말

하는 일산신도시는 일산동구와 일산서구 지역입니다. 고양시에서 가장 비

싼 아파트 시세를 보이는 곳은 장항동으로 대형 주상복합 아파트인 킨텍스

원시티가 들어오면서 단숨에 1위 자리를 차지했습니다.

덕양구는 일산신도시에 비해 인프라가 상대적으로 부족하지만 거의 은평구 생활권이라고 볼 수 있을 정도로 서울에 인접한 지역입니다. 최근 택지개발 사업으로 삼송, 원흥, 지축, 향동 등에 신축 아파트가 들어오면서 강세를 보이고 있습니다.

순위	아파트	동	준공	세대수	신고가 (34평)	6개월 내 신고가	가격 변동	변동
1	킨텍스원시티 1블럭	동구 장항동	2019	297	17.00억 원	12.00억 원	-5.00억 원	-29.4%
2	킨텍스원시티 2블럭	동구 장항동	2019	959	16.55억 원	12.40억 원	-3.45억 원	-25.1%
3	킨텍스원시티 3블럭	동구 장항동	2019	782	16.50억 원	12.10억 원	-3.60억 원	-26.7%
4	킨텍스꿈에그린	서구 대화동	2019	1,100	14.70억 원	11.25억 원	-3.25억 원	-23.5%
5	일산요진와이시티	동구 백석동	2016	2,404	13.00억 원	10.60억 원	-2.40억 원	-18.5%
6	힐스테이트킨텍스레이크뷰	동구 장항동	2019	299	12.80억 원	9.70억 원	-3.95억 원	-24.2%
7	지축역북한산유보라	덕양구 지축동	2019	549	12.80억 원	8.85억 원	-3.83억 원	-33.4%
8	지축역센트럴푸르지오	덕양구 지축동	2019	852	12.30억 원	10.00억 원	-1.30억 원	-18.7%
9	원흥동일스위트	덕양구 도내동	2018	1,257	11.50억 원	8.95억 원	-2.55억 원	-22.2%
10	DMC호반베르디움더포레 3단지	덕양구 향동동	2019	716	11.35억 원	8.45억 원	-2.75억 원	-25.6%

고양시

4. 호재 분석

교통망 신설 계획

▶ **GTX-A**

파주시 운정부터 화성시 동탄까지 이어지는 GTX-A 노선은 2024년 상반기 수서-성남-용인-동탄 구간을 필두로 드디어 개통을 시작했습니다. 이로서 동탄에서 수서까지 30분 생활권이 구축되었습니다.

운정에서 서울역까지는 2024년 하반기에 개통 예정이며, 2025년이 되면 드디어 GTX-A 노선이 완전 개통을 할 예정입니다. 고양시에서는 킨텍스역과 대곡역이 정차역으로 예정되어 있어, 그동안 고양시 최대 단점이었던 강남 접근권이 크게 개선될 전망입니다.

▶ **고양은평선**

고양시에서는 새절역부터 고양시청을 잇는 고양은평선을 일산까지 추가로 연장하는 방안을 추진하고 있습니다. 계획대로 고양은평선이 연장되면 새절역에서는 서부선과 연결되고 일산에서는 연장 예정인 인천 2호선과 연결되어 수도권 서북부 방면의 교통편이 편리해집니다.

고양은평선 일산 연장 노선은 고양시청에서 식사동과 풍동을 거쳐 중산동까지 이어지는 노선입니다. 국토부에서는 2024년 제5차 국가철도망 구축계획(2026-2035) 수립을 위해 지자체로부터 신규사업 건의를 받을 계획입니다. 고양은평선은 고양시 내에서도 상대적으로 철도교통 접근성이 떨어지는 지역들에 교통환경을 크게 개선할 수 있다는 점에서 기대감을 불러 일으키고 있습니다.

고양은평선-서부선 노선도

- 출처: 경기도

▶ 경의중앙선 향동역 신설 추진

경의선 신설역으로 추진하고 있는 향동역은 고양시와 서울시의 경계에 위치하는 역입니다. 향동역을 지나면 바로 서울시 수색역입니다. 은평구, 마포구와 인접한 향동지구는 상암 DMC와 여의도, 종로, 마곡지구를 잇는 입지적 장점에 더해 3기 신도시인 창릉신도시와 수색역세권에 인접해 주변 개발사업이 이뤄지면 제2의 판교로 거듭날 것으로 기대하고 있습니다.

실제로 경의중앙선 향동역의 경우 2025년 개통을 목표로 신설 작업에 들어갔고, 고양시청과 창릉지구, 향동지구, 서울 새절역을 연결하는 고양은평선은 2029년 개통을 목표로 진행되고 있어 이 지역의 교통환경이 대폭 개선될 것으로 보입니다.

일자리 사업 계획

▶ CJ라이브시티

CJ라이브시티 사업은 총면적 10만 평에 공연장, 스튜디오, 테마파크, 숙박시설 등을 짓는 총사업비 1조 8,000억 원 규모의 대형 개발사업으로 고양시 장항동 일대에서 진행되고 있습니다.

K-POP을 비롯하여 영화, 드라마, 예능 등 전 세계가 열광하는 K-콘텐츠를 경험할 수 있는 경험형 복합단지를 표방하고 있습니다. 세계 최고의 K-POP 공연 전문 아레나를 포함하여 다양한 콘텐츠 경험시설, 상업 및 숙박시설 등

을 조성할 예정입니다.

CJ라이브시티가 개장되면 향후 10년간 30조 원의 부가가치와 9,000명의 일자리가 창출되고 20만 명의 간접적인 취업유발 효과가 발생할 것으로 기대하고 있습니다. 하지만 현재는 원자재 가격 폭등으로 인해 시공사와의 갈등이 문제가 되어 1년 넘게 공사가 중단되어 있는 상황이니 앞으로 추이를 지켜볼 필요가 있습니다.

CJ라이브시티 조감도
- 출처: 서울시

▶ 고양일산테크노밸리 착공 예정

고양시 일산서구 대화동 일원에 조성되는 고양일산테크노밸리는 산업 기반이 약한 경기도 북부 지역에 제2의 판교테크노밸리를 조성하고자 하는 경기 북부테크노밸리 사업에 의해 2016년 6월에 계획이 확정되었습니다.

판교테크노밸리의 약 1.9배에 해당하는 규모로 방송·영상 분야에 특화된 IT 산업과 첨단의료산업 유치를 목표로 조성 중이며, 2024년 사업 시행 완료를 목표로 하고 있습니다. 2021년 착공을 시작한 기반시설과 단지조성을 2023년까지 완료하고 2025년에는 기업 입주까지 완료하는 것을 목표로 하고 있습니다.

고양일산테크노밸리 위치도

- 출처: 고양시

📍 **인프라 신설 계획**

▶ 킨텍스 3 전시장

킨텍스 1, 2 전시장은 코엑스와 함께 MICE 산업의 성공적인 케이스로 평가받고 있습니다. 이런 성공에 힘입어 킨텍스 3 전시장 건립이 추진되고 있습니다. 킨텍스 3 전시장이 건립되면 전시면적 규모로 세계 60위권에서 25위권으로 도약할 수 있을 것이며, 고양시는 세계적인 MICE 산업의 중심으로 성장할 수 있을 것으로 내다보고 있습니다.

다만 최근 원자재 가격의 상승과 고금리로 인해 공사비용이 대폭 상승하여 킨텍스 3 전시장 건립 사업에도 악영향을 미치고 있습니다. 사업 진행에 대한 우려가 커지고 있고, 아직까지 공사 입찰에 참여 의향을 밝힌 건설사가 없기 때문에 사업이 원활하게 진행될 수 있을지는 추이를 지켜볼 필요가 있습니다.

킨텍스3전시장 조감도

- 출처: 킨텍스

▶ 정밀의료 클러스터 조성

고양시가 바이오 정밀의료 클러스터 조성을 추진하고 있습니다. 최근 한국 신약개발연고조합과 맺은 업무협약에 따라 고양시 바이오 정밀의료 클러스터 조성을 위해 고양시는 육성 협력, 경쟁력 강화 협력, 기술발전 및 중소벤처기업을 위한 지원 등에 적극 협력할 계획입니다.

이에 고양시는 바이오 정밀의료 클러스터 조성을 위해 고양시에 위치한 대표적인 의료연구기관(국립암센터, 동국대일산병원, 국민건강보험공단 일산병원, 일산차병원, 일산백병원, 명지병원), 교육기관(국립암센터 국제암대학원대학교, 동국대 바이오메디캠퍼스), 연구소(고양시정연구원)를 중심으로 정밀의료에 특화된 산학연 협력모델을 구축하고 있습니다.

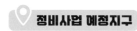 **정비사업 예정지구**

▶ 일산신도시 재건축 추진

노후계획도시 특별법이 추진됨에 따라 노후계획도시 재건축 사전컨설팅 대상 단지인 일산신도시와 6개 택지지구에 대해 공모를 실시할 계획입니다.

일산신도시에는 공동주택이 총 135개 단지나 되고, 택지지구에는 공동주택이 총 83개 단지가 있습니다. 일산신도시에서 대상이 되는 단지는 마두동(22개), 백석동(18개), 장항동(5개), 정발산동(14개), 대화동(19개), 일산동(18개), 주엽동(39개)이 있습니다.

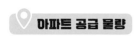
아파트 공급 물량

▶ **연간 적정 입주 물량: 5,362세대**

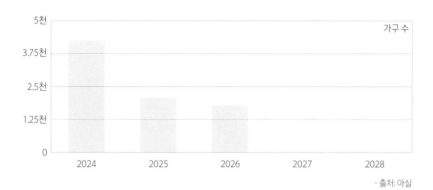

- 출처: 아실

고양시는 인구수가 100만 명이 훌쩍 넘는 도시로 연간 적정 입주 물량은 5,362세대입니다. 2024년부터 4년동안 8천여 세대의 입주가 예정 되어 있지만, 그중 3,000여 세대는 신혼희망타운으로 들어오기 때문에 실질적인 수요를 충족시키기에는 공급이 부족한 상황입니다. 따라서 일산신도시 재건축에 대한 수요는 계속적으로 유지될 가능성이 큽니다.

No	지역	아파트명	입주 예정	총 세대수
1	일산동구 장항동	고양장항A-4BL 신혼희망타운	2024년 3월	1,566세대
2	일산동구 장항동	고양장항A-5BL 신혼희망타운	2024년 3월	759세대
3	덕양구 지축동	고양지축B1블록	2024년 4월	612세대
4	덕양구 성사동	원당역롯데캐슬스카이엘	2024년 8월	1,236세대
5	일산동구 풍동	풍동더샵더데이앤1단지	2025년 3월	866세대
6	일산동구 풍동	풍동더샵더데이앤2단지	2025년 3월	737세대
7	일산동구 풍동	풍동더샵더데이앤3단지	2025년 3월	487세대
8	일산동구 장항동	고양장항A-2BL 신혼희망타운	2026년 4월	650세대
9	일산동구 장항동	고양장항제일풍경채	2026년 12월	1,184세대
총 세대수				8,097세대

- 출처: 아실

▶ 고양 창릉신도시

3기 신도시로 조성되는 창릉신도시는 덕양구 동산동, 용두동, 화전동, 성사동, 도내동, 화정동, 행신동 일원에 들어서는 신도시입니다. 창릉신도시는 서울시 은평구와 마포구 경계에 인접해 있고, GTX-A 및 고양은평선 등 연계 교통편으로 인해 도심 접근성이 뛰어난 입지를 자랑합니다. 서울에서 가장 가까운 신도시로, 입주 세대수는 38,000여 세대로 예정되어 있습니다. LH에 따르면 창릉신도시 토지보상률은 84퍼센트, 지장물보상률은 84.6퍼센트로 착공 준비를 하고 있는 상황입니다.

고양 창릉신도시 위치도
- 출처: 네이버지도

신고가 대비 가격 조정이 많이 된 아파트

- 아파트명: **힐스테이트킨텍스레이크뷰**
- 법정동: 일산동구 장항동
- 준공년도: 2019년
- 세대수: 299세대
- 신고가: 12.8억 원 (2021.9)
- 6개월 내 신고가: 8.85억 원 (2023.12)

힐스테이트킨텍스레이크뷰 위치도

- 출처: 네이버지도

고양시 장항동의 대장아파트 킨텍스원시티 인근에 위치한 힐스테이트킨텍스레이크뷰는 일산호수공원을 내 집 앞마당처럼 이용할 수 있는 아파트로 뛰어난 자연환경을 자랑합니다. 또한 킨텍스 주변의 상업시설을 이용할 수 있고, GTX-A 신설역인 킨텍스역과 인접했기 때문에 신고가 대비 가격 하락이 컸던 힐스테이트킨텍스레이크뷰는 주목할 만한 단지입니다.

📍 용적률 200% 이하 재건축 유망 단지

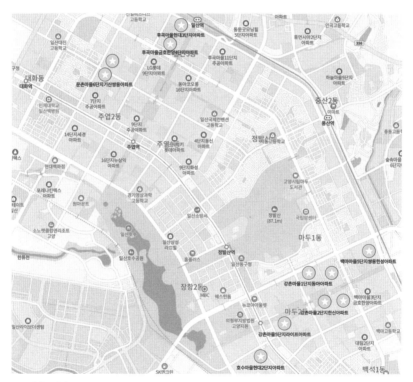

주요 아파트 위치도

- 출처: 네이버지도

1기 신도시 중에서 평균 용적률이 가장 낮은 지역이 바로 일산신도시입니다. 용적률이 낮고 대지지분이 넓기 때문에 다른 1기 신도시 재개발보다 사업성이 높을 수 있습니다.

일산신도시가 조성된 지 30년이 넘어가기 때문에 일산신도시에 위치한 아파트 대부분이 재건축 대상 단지입니다. 강촌마을, 후곡마을, 백마마을, 문촌마을 등에서 최근 거래되었던 가격대는 6~7억 원대가 많았습니다. 이중에서 용적률, 인프라, 지하철역, 학군 등을 종합적으로 고려해본다면 투자를 고려할만한 아파트 단지들이 꽤 있습니다.

No	아파트명	법정동	준공년도	세대수	최근 34평 실거래가 (2024.06기준)
1	강촌5단지라이프	마두동	1992	1,558	(36평) 6.42억 원
2	백마5단지쌍용.한성	마두동	1994	1,152	5.45억 원
3	호수2단지현대	장항동	1994	1,144	6.5억 원
4	후곡3단지현대	일산동	1994	530	(36평) 6.35억 원
5	후곡4단지금호한양	일산동	1995	752	6.3억 원
6	강촌동아	마두동	1992	720	7.1억 원
7	강촌한신2단지	마두동	1993	608	6.82억 원
8	백마1단지삼성	마두동	1993	772	(36평) 8.25억 원
9	백마2단지극동삼환	마두동	1992	806	(36평) 6.9억 원
10	문촌1단지우성	주엽동	1994	892	5.1억 원
11	문촌6단지기산쌍용	주엽동	1994	624	6억 원

GTX-A 킨텍스역, 대곡역 수혜 단지

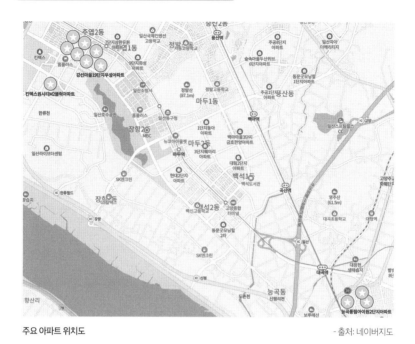

주요 아파트 위치도　　　　　　　　　　　　　　　　　　　　- 출처: 네이버지도

2024년 하반기에는 드디어 GTX-A 노선 운정-서울역 구간이 개통 예정입니다. GTX-A 노선의 고양시 정차역은 일산서구의 킨텍스역과 덕양구의 대곡역입니다.

GTX-A 노선은 그동안 고양시의 최대 단점이었던 강남으로의 접근성을 크게 높여주기 때문에 GTX-A 정차역인 킨텍스역과 대곡역 인근의 단지를 주목할 필요가 있습니다.

No	아파트명	법정동	준공년도	세대수	최근 34평 실거래가 (2024.06기준)
1	킨텍스원시티2블럭	장항동	2019	959	12.4억 원
2	문촌마을17단지신안	주엽동	1994	504	(38평) 8.78억 원
3	문촌마을18단지대원	주엽동	1995	378	(37평) 9억 원
4	문촌마을19단지신우	주엽동	1994	658	6.25억 원
5	강선마을19단지우성	주엽동	1994	412	(37평) 7.7억 원
6	문촌마을16단지뉴삼익	주엽동	1994	956	6.7억 원
7	대곡역두산위브	토당동	2023	493	6.5억 원
8	대곡역롯데캐슬엘클라씨	토당동	2022	834	8억 원
9	능곡풍림아이원2단지	토당동	2002	201	4.6억 원

IV
경기 지역 황금 입지 TOP 6

용인시

800조 원이 투자되는 용인의 발전을 주목하자!

출처: 카카오지도

> ▶ **인구수**: 1,075,474명 (2위/28개 시)
> ▶ **구별 인구순**: 기흥구, 수지구, 처인구 순

용인시는 경기도 남부에 위치한 대도시로 수도권 남부에서의 뛰어난 접근성, 개발 호재, 탁월한 교육환경이 장점인 곳입니다. 용인시는 인구가 100만 명이 넘는 대규모 도시로 교육 여건, 자연환경, 인프라 등이 조화로운 지역적 특성을 가지고 있어 실거주자들의 만족도가 높은 곳입니다.

현재도 강남과 판교 등의 일자리 권역과 접근성이 좋지만, GTX-A 개통과 용인시를 지나는 고속도로로 인해 서울 및 인근 도시로의 접근성은 더욱 좋아질 예정입니다. 이러한 교통 편의성은 용인시의 부동산 가치를 높일 수 있는 중요 요소 중 하나입니다. 일자리 역시 국가첨단산업으로 반도체 클러스터에 300조 원이 넘는 자본이 투입될 곳이기 때문에 미래 가치가 정말 높다고 할 수 있습니다.

2. 지하철 교통망

죽전역→강남역 지하철 노선도   - 출처: 네이버지도

용인시는 수인분당선이 연결됨에 따라 강남과 판교에 빠르게 도달할 수 있게 되었습니다. 또한 용인시 수지구는 성남시 분당구와 매우 인접해 있어 분당 생활권을 누릴 수 있다는 장점이 있습니다. 다만 서울 주요 일자리 권역인 여의도까지는 죽전역 기준으로 49분, 광화문까지는 63분이나 소요된다는 점은 수도권 남부에 위치한다는 한계를 보여줍니다.

3. 주요 아파트 시세

풍덕천동: 9.2억 원 / 성복동: 9.1억 원 / 동천동: 8.9억 원 / 상현동: 8.1억 원 / 보정동: 7.7억 원 / 영덕동: 6.2억 원

(34평 2024.3 기준)

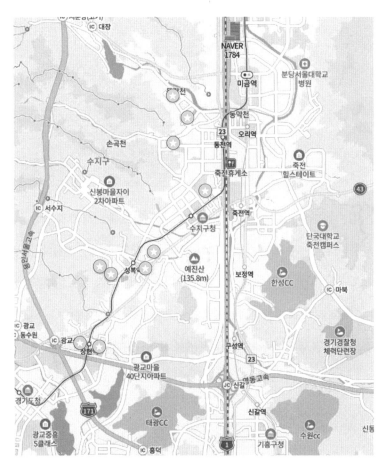

주요 아파트 위치도   - 출처: 네이버지도

용인시는 수지구, 기흥구, 처인구로 구성되어 있고, 인구는 107만 명을 넘기면서 경기도에서 수원시 다음으로 많은 인구를 자랑합니다. 부동산 입지가 가장 우수한 지역은 분당과 인접한 수지구입니다. 기흥구가 수지구 뒤를 따르고 있으며 처인구는 수지구, 기흥구와 많은 차이를 보이고 있습니다.

수지구에서 아파트 시세를 이끄는 곳은 풍덕천동, 성복동, 동천동 등 신분당선 인근에 있는 아파트 단지들입니다.

순위	아파트	동	준공	세대수	신고가 (34평)	6개월 내 신고가	가격 변동	변동
1	성복역롯데캐슬골드타운	수지구 성복동	2019	2,356	14.95억 원	12.50억 원	-2.45억 원	-16.4%
2	광교자이더클래스	수지구 상현동	2012	1,035	14.20억 원	12.20억 원	-2.00억 원	-14.1%
3	e편한세상수지	수지구 풍덕천동	2017	1,237	13.70억 원	11.90억 원	-1.80억 원	-13.1%
4	동천센트럴자이	수지구 동천동	2019	1,057	13.45억 원	9.90억 원	-3.55억 원	-26.4%
5	래미안이스트팰리스 2단지	수지구 동천동	2010	428	13.00억 원	10.50억 원	-2.50억 원	-19.2%
6	성복역롯데캐슬파크나인	수지구 성복동	2020	534	12.90억 원	10.65억 원	-2.25억 원	-17.4%
7	동천자이	수지구 동천동	2018	1,437	12.70억 원	9.22억 원	-3.48억 원	-27.4%
8	광교경남아너스빌	수지구 상현동	2011	700	12.68억 원	10.50억 원	-2.18억 원	-17.2%
9	성복역롯데캐슬클라시엘	수지구 성복동	2021	1,094	12.55억 원	10.45억 원	-2.10억 원	-16.7%
10	수지파크푸르지오	수지구 풍덕천동	2019	430	12.20억 원	10.60억 원	-1.60억 원	-13.1%

4. 호재 분석

교통망 신설 계획

▶ GTX-A

2024년 3월 파주시 운정에서 화성시 동탄을 연결하는 GTX-A 노선 중 수서에서 동탄 구간이 먼저 개통했습니다. 용인시의 정차역은 용인역으로 수인분당선 구성역과 인접하여 환승이 가능합니다.

용인시는 이미 신분당선, 수인분당선으로 강남 및 판교에 접근성이 뛰어난 지역이었지만, GTX-A 개통으로 인해 서울시 주요 일자리 권역인 서울역까지 빠르게 도달할 수 있게 되었습니다.

일자리 사업 계획

▶ 국가첨단산업단지

2023년 정부는 첨단산업 초강대국 도약을 위해 6대 핵심과제와 반도체, 디스플레이, 2차전지, 바이오, 미래차, 로봇 등 첨단산업별 육성 전략을 발표했습니다. 이중에서 가장 큰 규모의 투자가 투입되는 곳이 용인시 처인구에 들어서는 첨단시스템반도체 국가산업단지, 반도체클러스터 일반산업단지, 삼성전자 미래연구단지로 모두 합쳐 1,285만여㎡ 규모로 조성될 계획입니다. 처인구 남사읍 일대를 중심으로 개발될 이 사업은 300조 원의 막대한 자금이 투입되기 때문에 용인시 입장에서는 엄청난 호재로 작용할 사업입니다. 2042년 완공을 목표로 하고 있기 때문에 계속해서 개발의 추이를 지켜 볼 필요가 있습니다.

▶ 용인 반도체클러스터

용인 반도체클러스터 위치도   - 출처: 용인시

용인 반도체클러스터 일반산업단지는 총 122조 원을 투자해 약 415㎡ 규모로 조성될 계획입니다. SK하이닉스의 반도체 생산단지와 50여 개의 반도체 기업이 함께 들어설 산업단지에는 2042년까지 첨단반도체 제조공장 5곳

을 비롯하여 국내외 소재, 부품, 장비 기업 약 150곳이 입주할 예정입니다. 또한 이곳에는 삼성전자가 360조 원을 투자하는 첨단시스템반도체 국가산업단지도 구축될 계획입니다. 이러한 투자를 통해 총 480조 원의 생산유발효과와 192만 명의 고용효과를 기대하고 있습니다.

▶ 제2용인테크노밸리 산업단지

제2용인테크노밸리는 반도체 분야 국가첨단전략산업 특화단지의 중심 입지로 삼성전자 기흥캠퍼스와 SK하이닉스 용인반도체클러스터 등이 인접해 있어 용인테크노밸리의 배후단지로 2009년부터 사업이 추진되어 왔습니다. 하지만 그동안 사업은 진척을 보이지 못하다가 최근 한화그룹의 참여로 다시 사업 추진의 동력을 얻고 있습니다.

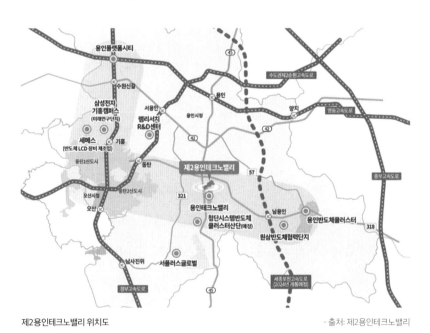

제2용인테크노밸리 위치도

- 출처: 제2용인테크노밸리

제2용인테크노밸리는 처인구 이동읍 일대에 총 27만 666㎡ 규모로 조성될 예정입니다. 산업단지는 산업시설용지, 복합구역 및 지원시설구역 등으로 계획 중이며 2026년 준공을 목표로 하고 있습니다.

📍 인프라 신설 계획

▶ 용인플랫폼시티

플랫폼이란 역사의 승강장, 단상, 기초, 기반 구획된 땅의 형태, 용도에 따라 다양하게 쓰일 수 있는 공간, 많은 사람이 이용하거나 다양한 목적으로 사용되는 개방과 소통 네트워크가 갖춰진 기반과 토대를 의미합니다.

용인플랫폼시티는 GTX, 지하철, 고속도로가 교차하는 수도권 남부 최대의 교통 요충지로서 산학연이 어우러진 첨단산업의 발전과 상업, 주거, 문화, 복지 등 다양한 활동의 기반이 되는 새로운 용인의 경제중심 복합신도시를 의미합니다.

용인플랫폼시티는 기흥구 보정동, 마북동, 신갈동 일원 약 275만 7,186㎡에 경제도심형 복합 자족도시를 건설하는 사업으로 2025년 말 착공하여 2029년 준공을 목표로 하고 있습니다. 용인플랫폼시티에는 복합환승센터, 지식기반 첨단산업, R&D, 중심 상업지구, 주거시설 등 다양한 기능을 시설이 들어설 계획입니다. 이 사업으로 용인시는 자급자족 기능을 하는 도시로 발돋움하는 것을 기대하고 있습니다.

용인플랫폼시티 계획도

- 출처: 용인시

🔍 아파트 공급 물량

▶ **연간 적정 입주 물량: 5,390세대**

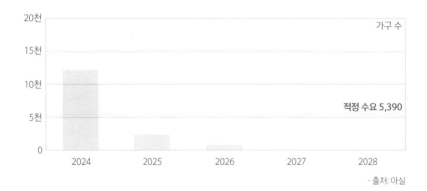

- 출처: 아실

용인시는 100만 명이 넘는 많은 인구수에서 알 수 있듯이 연간 5,300세대가 넘는 신규 아파트의 공급이 필요한 곳입니다. 하지만 2024년을 제외하곤 2025년부터는 공급이 턱없이 부족한 상황입니다. 게다가 수요가 높은 수지구보다는 입지의 가치가 상대적으로 떨어지는 처인구에 공급 물량이 집중되고 있습니다. 따라서 최근 5년 내에 입주했던 신축 아파트의 가치는 계속 이어질 것으로 보고 있습니다.

No	지역	아파트명	입주 예정	총 세대수
1	처인구 김량장동	용인드마크데시앙	2024년 3월	1,308세대
2	기흥구 마북동	e편한세상용인역플랫폼시티	2024년 4월	999세대
3	수지구 동천동	동천역트리너스	2024년 5월	94세대
4	처인구 고림동	힐스테이트용인고진역D1블록	2024년 8월	1,345세대
5	처인구 고림동	힐스테이트용인고진역D2블록	2024년 8월	1,358세대
6	처인구 모현읍	힐스테이트몬테로이1BL	2024년 11월	1,043세대
7	처인구 모현읍	힐스테이트몬테로이3BL	2024년 11월	1,370세대
8	수지구 죽전동	e편한세상죽전프리미어포레	2024년 12월	430세대
9	처인구 양지면	용인경남아너스빌디센트H2BL(1단지)	2024년 12월	326세대
10	처인구 양지면	용인경남아너스빌디센트H4BL(3단지)	2024년 12월	388세대
11	처인구 양지면	용인경남아너스빌디센트H3BL(2단지)	2024년 12월	450세대
12	처인구 모현읍	힐스테이트몬테로이2BL	2025년 1월	1,318세대
13	수지구 동천동	동천역자이르네(도시형)	2025년 4월	112세대
14	기흥구 보정동	수지구청역롯데캐슬하이브엘	2025년 6월	715세대
15	처인구 포곡읍	용인에버랜드역칸타빌	2026년 11월	348세대
총 세대수				12,603세대

 **신고가 대비 가격 조정이 많이 된 아파트**

- 아파트명: **동천자이**
- 법정동: 수지구 동천동
- 준공년도: 2018년
- 세대수: 1,437세대
- 신고가: 12.7억 원 (2021.11)
- 6개월 내 신고가: 9.2억 원 (2023.12)

동천자이 위치도

- 출처: 네이버지도

수지구 동천동에 위치한 동천자이 아파트는 입주한지 6년 정도 되는 비교적 신축 아파트입니다. 성복동, 상현동, 풍덕천동 등 입지의 서열이 높은 지역의 아파트에 비해선 낮은 평가를 받고 있고, 지하철역과의 거리가 있다는 단점이 있습니다. 하지만 신고가 대비 가격 하락이 가장 컸던 단지로 신축 아파트에 대한 수요가 여전히 높은 수지구에서는 충분히 검토할만한 가치가 있는 단지입니다.

GTX-A 구성역 인근 아파트

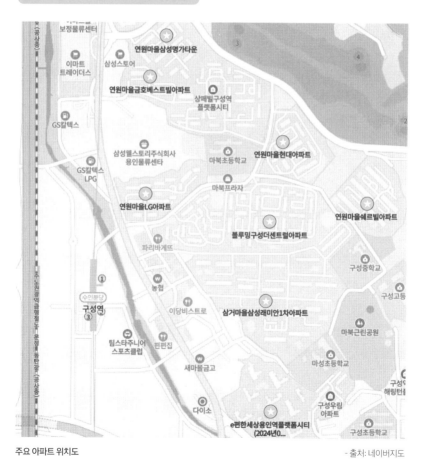

주요 아파트 위치도

- 출처: 네이버지도

GTX-A 노선이 개통하면서 용인시에서는 수인분당선 구성역 인근 용인역이 정차역으로 결정되었습니다. 이에 따라 최근 후분양임에도 불구하고 서울의 어느 아파트 단지에 밀리지 않는 높은 분양가로 좋은 분양 실적을 보였던 e편한세상용인역플랫폼시티를 필두로 용인역 주변의 아파트들이 GTX-A 개통의 호재를 누릴 가능성이 큽니다.

No	아파트명	준공년도	세대수	최근 34평 실거래가 (2024.06기준)
1	e편한세상용인역플랫폼시티	2024	999	10.75억 원
2	연원마을LG	1999	396	7.8억 원
3	연원마을금호베스트빌	2002	144	7.6억 원
4	연원마을삼성명가타운	2002	424	6.8억 원
5	연원마을현대	2000	424	5.5억 원
6	블루밍구성더센트럴	2000	1,576	7.4억 원
7	삼거마을삼성래미안1차	2002	1,282	(36평) 8.55억 원

📍 **반도체 클러스터 인근 아파트**

주요 아파트 위치도   - 출처: 네이버지도

300조 원이라는 엄청난 예산이 투입되는 국가첨단산업단지 구축으로 인해 사업의 중심인 처인구 남사읍 인근 아파트가 가장 큰 호재를 누릴 것으로 예상됩니다.

e편한세상용인한숲시티는 대단지 아파트라는 장점 이외에 주변 인프라가 너무 부족해 상승장에서도 크게 가격이 오르지 못했습니다. 하지만 지금은 2023년 정부의 발표로 인해 전국의 많은 투자자들이 관심을 갖는 유명 단지가 되었습니다. 다만 국가첨단산업단지가 완전히 조성되기까지 10여 년의 시간이 필요하기 때문에 사업 진행 과정을 지켜보며 신중한 접근이 필요한 투자처입니다.

No	아파트명	준공년도	세대수	최근 34평 실거래가 (2024.06기준)
1	e편한세상용인한숲시티2단지	2018	446	4억 원
2	e편한세상용인한숲시티3단지	2018	1,449	4.25억 원
3	e편한세상용인한숲시티4단지	2018	710	4.28억 원
4	e편한세상용인한숲시티5단지	2018	2,336	4.65억 원
5	e편한세상용인한숲시티6단지	2018	1,784	4.38억 원

IV
경기 지역 황금 입지 TOP 6

수원시

광교를 중심으로 수원이 다시 새롭게 태어난다!

1. 기본 정보

> ▶ **인구수:** 1,197,241명 (1위/28개 시)
> ▶ **구별 인구순:** 권선구, 영통구, 장안구, 팔달구 순

경기도 수원시는 서울과 인접해 있으면서도 자체적으로 풍부한 생활 인프라와 문화시설을 갖춘 지역입니다. 인구수가 약 119만 명으로 경기도에서 가장 큰 규모를 자랑합니다. 다양한 역사적, 문화적 명소와 함께 첨단산업단지가 밀집한 지역으로 수인분당선을 포함한 다수의 지하철 노선과 KTX가 정차하는 수원역을 통해 서울 및 인접 도시로의 이동이 편리한 것도 장점입니다.

수원역세권지구, 권선행정타운 등의 개발 프로젝트가 진행 중이거나 계획 중에 있어 부동산 시장에 긍정적인 영향을 줄 것으로 기대됩니다. 앞으로도 GTX-C 노선의 호재가 있어 교통망은 더욱 개선될 것으로 기대되며, 이미 영통구에 광교테크노밸리라는 대기업 일자리가 존재하고 좋은 학군을 보유한 곳이 많아 부동산 입지로써의 가치가 계속 기대되는 곳입니다.

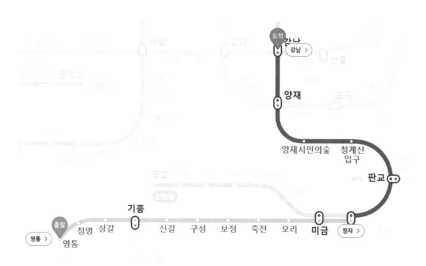

영통역→강남역 지하철 노선도   - 출처: 네이버지도

수원시에는 지하철 1호선과 수인분당선, 신분당선이 지나고 있습니다. 하지만 수인분당선은 용인시와 성남시를 거치기 때문에 서울까지 빠른 시간에 도달하지 못하고, 신분당선은 영통구에만 해당됩니다.

수인분당선 영통역을 기준으로 강남까지 47분, 여의도까지 69분, 광화문까지 81분이 소요되고, 경기도의 대형 일자리 권역인 판교까지는 33분이 소요됩니다. 따라서 한번에 수서역, 삼성역과 연결되는 GTX-C 노선의 개통은 수원 지역에서 주목할만한 호재가 됩니다.

3. 주요 아파트 시세

원천동: 11.2억 원 / 이의동: 9.1억 원 / 하동: 8.9억 원 / 고등동: 8.5억 원 /

신동: 7억 원 / 이목동: 6.6억 원

(34평 2024.3 기준)

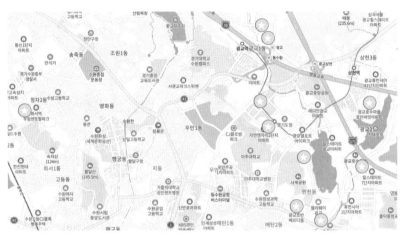

주요 아파트 위치도   - 출처: 네이버지도

수원시는 무려 120만 명에 가까운 인구수를 보이는 대도시로 경기도에서 가장 많은 인구가 거주하고 있는 지역입니다. 영통구, 권선구, 장안구, 팔달구 4개의 구로 분구되어 있으며, 이중에서 영통구가 압도적으로 높은 시세를 보이고 있습니다.

영통구 내에서도 광교신도시는 서울의 웬만한 지역에도 뒤지지 않는 시세를 보이고 있습니다.

순위	아파트	동	준공	세대수	신고가 (34평)	6개월 내 신고가	가격 변동	변동
1	광교중흥S클래스	영통구 원천동	2019	2,231	18.00억 원	16.30억 원	-1.70억 원	-9.4%
2	자연앤힐스테이트	영통구 이의동	2012	1,764	16.30억 원	14.80억 원	-1.50억 원	-9.2%
3	광교더샵	영통구 원천동	2018	686	13.95억 원	10.68억 원	-3.27억 원	-23.4%
4	광교푸르지오월드마크	영통구 이의동	2015	350	13.80억 원	11.75억 원	-2.05억 원	-14.9%
5	광교호수마을호반써밋	영통구 하동	2011	1,188	13.47억 원	11.05억 원	-2.42억 원	-18.0%
6	광교호반베르디움	영통구 원천동	2014	1,330	13.15억 원	10.85억 원	-2.30억 원	-17.5%
7	화서역파크푸르지오	장안구 정자동	2021	2,355	12.69억 원	11.97억 원	-0.72억 원	-5.7%
8	광교레이크파크한양수자인	영통구 하동	2012	453	12.40억 원	7.94억 원	-4.46억 원	-36.0%
9	광교호반베르디움트라엘	영통구 이의동	2017	446	12.30억 원	-	-	-
10	광교한양수자인	영통구 이의동	2011	214	11.50억 원	7.18억 원	-4.32억 원	-37.6%

교통망 신설 계획

▶ GTX-C

GTX-C 노선은 수원역에서 출발해 인덕원역, 삼성역, 청량리역, 의정부역 등을 거쳐 덕정역(양주)까지 이르는 수도권 광역급행철도입니다. 최근 착공에 들어간 GTX-C 노선이 개통되면 수원역에서 삼성역까지 27분, 경기도 북부까지 1시간 안에 갈 수 있어 이동시간이 획기적으로 줄어들 것으로 예상됩니다. 따라서 영통구를 제외한 수원의 다른 지역이 갖고 있던 강남 접근성에 대한 단점이 많이 해소될 것으로 보고 있습니다.

▶ 신분당선 연장

신분당선의 광교-호매실 구간이 2024년 상반기 착공을 준비하고 있습니다. 2016년 1월의 광교 연장, 2022년 5월의 신사 연장에 이어 광교-호매실 연장사업을 통해 광교중앙역에서 수원 호매실까지 10.1킬로미터 구간이 더 늘어나게 됩니다. 광교에서 호매실로 이어지는 신분당선이 연장 개통되면 수원 호매실에서 강남까지 50분 안에 갈 수 있게 됩니다.

10여 년 전 강남과 분당을 20분만에 이어주는 기동성을 앞세워 들어선 신분당선은 남쪽으로는 수원, 북쪽으로는 한강을 넘어 용산까지 연장을 추진하고 있습니다. 신설이 추진되는 역은 호매실광교역, 화서역, 수성중사거리역, 월드컵경기장역이며 기존 신분당선 광교중앙역과 연결됩니다.

신분당선 연장 추진   - 출처: 국토교통부

▶ 수원발 KTX

수원발 KTX 직결사업은 경부선 송탄 서정리역과 수서고속철 평택 지제역을 연결하는 철로를 건설해 수원역을 KTX 출발 거점으로 만드는 사업입니다. 현재 부산행 KTX가 평일 기준 하루 4회 출발하지만, 수원발 KTX 직결사업이 완료되면 운행 횟수가 대폭 늘어나 수원역이 수도권 남부 교통의 중심이 될 수 있습니다.

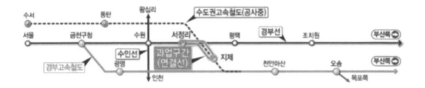

수원발 KTX 직결사업 계획   - 출처: 국토교통부

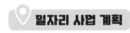

▶ 수원 R&D 사이언스파크

수원시가 성균관대와 협력해 수원 R&D 사이언스파크 조성사업을 본격적으로 추진하고 있습니다. 성균관대는 우수한 연구 역량과 산학협력 역량을 바탕으로 연구개발 클러스터를 조성하고, 우수 인재풀을 제공하여 사이언스파크를 활성화할 계획입니다. 수원시는 성균관대의 연구개발 클러스터 조성이 실현될 수 있도록 적극적으로 지원할 계획입니다.

수원시는 수원 R&D 사이언스파크에 반도체, 에너지, 바이오 분야 첨단과학 연구소가 채워질 것으로 기대하며, 수원 R&D 사이언스파크를 발판으로 서수원 시대를 열고 수원시가 첨단과학연구도시로 도약하는 것을 목표로 하고 있습니다.

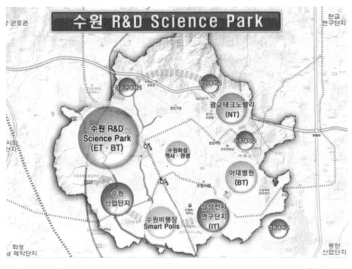

수원 R&D 사이언스파크 - 출처: 수원시

▶ 광교테크노밸리

수원시 영통구에 위치한 광교테크노밸리는 나노·바이오테크 기업과 대학,
기관의 허브입니다. 현재 광교에는 200여 개의 바이오 관련 기업들과 CJ블
로썸파크를 비롯한 연구소들이 입주하고 있습니다.

경기도는 광교테크노밸리 내 옛 바이오장기연구센터 부지를 개발해 바이오
스타트업을 발굴 및 육성하는 등 광교를 경기도의 광역 바이오 클러스터 거
점으로 구축하겠다는 계획을 세우고 있습니다. 이에 따라 광교테크노밸리
에서는 연간 500명의 고급 연구개발 전문인력을 양성하고 연간 15개사 내
외의 바이오 스타트업을 보육하는 등의 사업이 추진될 계획입니다.

광교테크노밸리 전경   - 출처: 수원시

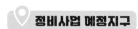 정비사업 예정지구

▶수원역세권지구 개발

수원시는 1만㎢ 이상의 구역면적과 재개발 지정요건을 갖춘 구역을 대상으로 신청을 받아 재개발을 추진할 예정입니다. 또한 수원역 역세권 미래비전 및 발전구상 용역의 결과를 바탕으로 수원역 인근 성매매 집결지 부지를 재개발할 계획을 갖고 있습니다.

수원역세권지구 위치도   - 출처: 국토일보

📍 아파트 공급 물량

▶ **연간 적정 입주 물량: 5,984세대**

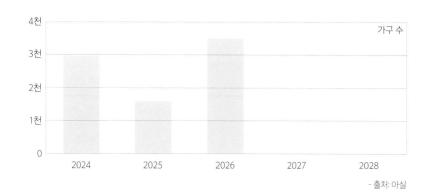

- 출처: 아실

무려 120만 명에 육박하는 인구수에서 볼 수 있듯이 수원시의 연간 적정 입주 물량은 5,984세대나 됩니다. 하지만 2024년부터 4년간 준비된 공급 물량은 적정 입주 물량에 비해 턱없이 적은 편입니다. 따라서 신축 아파트의 강세가 계속 이어질 것으로 보이고, 특히 광교신도시의 아파트 단지는 수원시에서 계속 1위의 시세를 유지할 것으로 예상됩니다.

No	지역	아파트명	입주 예정	총 세대수
1	장안구 정자동	북수원자이렉스비아	2024년 3월	2,607세대
2	영통구 이의동	힐스테이트광교중앙역퍼스트	2024년 8월	211세대
3	권선구 권선동	수원아이파크시티10단지	2024년 11월	128세대
4	영통구 망포동	영통푸르지오파인베르	2025년 3월	770세대
5	영통구 망포동	영통푸르지오트레센츠	2025년 3월	796세대
6	팔달구 지동	수원성중흥S-클래스	2026년 1월	1,154세대
7	권선구 오목천동	오목천역더리브	2026년 2월	201세대
8	권선구 세류동	매교역 팰루시드	2026년 8월	2,178세대
총 세대수				8,045세대

신고가 대비 가격 조정이 많이 된 아파트

- 아파트명: 광교레이크파크한양수자인
- 법정동: 영통구 하동
- 준공년도: 2012년
- 세대수: 453세대
- 신고가: 12.4억 원 (2021.3)
- 6개월 내 신고가: 7.94억 원 (2023.12)

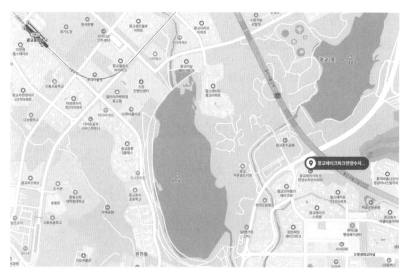

광교레이크파크한양수자인 위치도

- 출처: 네이버지도

수원의 대장 입지인 광교신도시에서 2021년 신고가 대비 가장 많은 가격 하락이 있었던 단지는 광교레이크파크한양수자인입니다. 광교신도시의 아파트들은 광교호수공원의 조망 여부에 따라 가격대가 큰 영향을 받는데, 이 아파트는 광교호수공원을 앞마당처럼 이용할 수 있다는 강점이 있어 다음 상승장 전환 시기가 오면 다시 반등할 여지가 클 것으로 예상됩니다.

📍 GTX-C 수원역 수혜 아파트

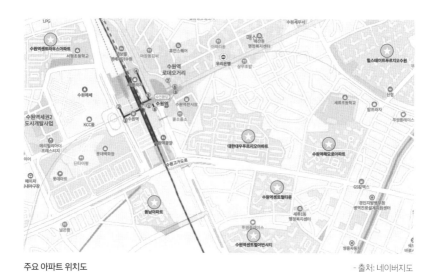

주요 아파트 위치도   - 출처: 네이버지도

수원역은 수원시의 철도 및 버스 등 대중교통의 중심으로 GTX-C 노선이 개통하면 교통 편의성이 더욱 좋아질 지역입니다. 따라서 앞으로 수원역 인근의 아파트는 충분히 주목할 가치가 있습니다.

특히 2010년대 중반부터 2020년대에 신축으로 입주한 아파트는 가격대가 많이 조정되었기 때문에 호재가 실현되는 시점이 도래하면 반등의 가능성이 높다고 할 수 있습니다.

No	아파트명	준공년도	세대수	최근 34평 실거래가 (2024.06기준)
1	수원역센트라우스	2009	1,094	5.8억 원
2	평동동남	1999	489	5억 원
3	대한대우	1999	1,293	6.2억 원
4	수원역해모로	2015	863	6억 원
5	수원역센트럴타운	2015	800	(25평) 4.7억 원
6	수원역센트럴어반시	2015	1,019	5.35억 원
7	힐스테이트푸르지오수원	2022	2,586	5.95억 원

IV
경기 지역 황금 입지 TOP 6

화성시

GTX-A 개통과 함께 동탄이 다시 기지개를 편다!

출처: 카카오지도

> ▶ **인구수**: 941,489명 (5위/28개 시)
> ▶ **동별 인구순**: 봉담읍, 향남읍, 반송동, 병점동 순

경기도 화성시는 수도권 남부에 위치해 있고, 인구수 90만 명에 경기도에서 가장 넓은 면적을 자랑하는 대도시입니다. 부동산에 관심 있는 분들에게는 동탄신도시가 가장 먼저 연상되는 지역일 것입니다. 지역에 다양한 산업단지와 연구시설들이 위치하고 있고, 삼성전자 반도체 공장과 대기업의 여러 공장들이 위치해 자급자족이 가능한 지역입니다.

대부분의 교통망과 일자리 호재가 동탄에 쏠려 있지만 송산, 봉담, 향남, 비봉, 어천 등 여러 지역에서 택지조성 사업이 활발하게 진행되어 신축 아파트의 입주가 많은 곳이기도 합니다. 화성시의 가장 큰 호재는 2024년 개통 예정인 GTA-A 노선입니다.

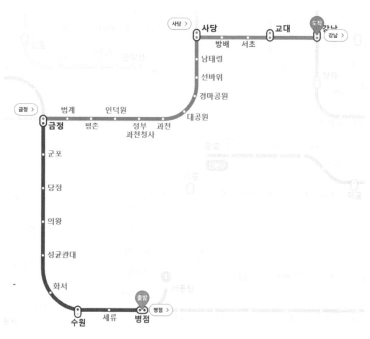

병점역→강남역 지하철 노선도

- 출처: 네이버지도

화성시에는 지하철 1호선과 수인분당선이 지나고 있습니다. 화성시의 메인 노선은 1호선으로 서동탄역, 병점역 등이 있으며, 수인분당선은 어천역, 야목역이 위치해 있지만 메인 노선이라고 보기는 어렵습니다. 병점역을 기준으로 강남까지 68분, 여의도까지 55분, 광화문까지는 68분이 걸리며, 판교까지도 60분이 소요되기 때문에 일자리 접근성이 좋다고 할 수 없습니다.

3. 주요 아파트 시세

오산동: 11.3억 원 / 청계동: 10억 원 / 영천동: 8.8억 원 / 산척동: 8.1억 원 /

송동: 8억 원 / 장지동: 7.2억 원

(34평 2024.3 기준)

주요 아파트 위치도   - 출처: 네이버지도

화성시는 경기도에서 가장 큰 면적을 자랑하는 것만큼 화성을 대표하는 동탄신도시와 동탄 이외의 지역간의 격차가 매우 큰 상황입니다.

특히 2021년부터 시작된 하락장에서 고전을 면치 못했으나 최근 GTX-A 노선의 개통 호재로 인해 동탄신도시를 중심으로 가격대가 많이 회복되는 상황입니다.

순위	아파트	동	준공	세대수	신고가 (34평)	6개월 내 신고가	가격변동	변동
1	동탄역롯데캐슬(주상복합)	오산동	2021	940	16.20억 원	16.20억 원	0	0.0%
2	동탄역시범더샵센트럴시티	청계동	2015	874	14.80억 원	12.30억 원	-2.50억 원	-16.9%
3	동탄역린스트라우스	오산동	2018	617	14.50억 원	11.60억 원	-2.90억 원	-20.0%
4	동탄역시범한화꿈에그린프레스티지	청계동	2015	1,817	14.50억 원	12.10억 원	-2.40억 원	-16.6%
5	동탄역시범우남퍼스트빌	청계동	2015	1,442	14.40억 원	11.75억 원	-2.65억 원	-18.4%
6	동탄역시범대원칸타빌	청계동	2015	498	13.15억 원	10.50억 원	-2.65억 원	-20.2%
7	동탄역반도유보라아이비파크7.0	오산동	2019	710	13.00억 원	10.40억 원	-2.60억 원	-20.0%
8	더레이크시티부영 3단지	산척동	2018	706	12.95억 원	9.00억 원	-3.95억 원	-30.5%
9	동탄역반도유보라아이비파크6.0	오산동	2017	532	12.70억 원	10.50억 원	-2.20억 원	-17.3%
10	동탄역시범리슈빌	청계동	2018	656	12.50억 원	10.00억 원	-2.50억 원	-20.0%

4. 호재 분석

교통망 신설 계획

▶ 서해선 송산역, 화성시청역 신설

충남 홍성과 화성시 송산을 연결하는 서해선 사업의 공정률은 2024년 1월 말 기준으로 95퍼센트이며, 2024년 하반기에 개통될 예정입니다. 송산역은 화성국제테마파크 예정 부지 아래에 위치해 있으며, 현재 송산역 서편으로는 도시계획이 입안된 상태입니다. 송산역, 화성시청역, 향남역이 2024년 신설을 목표로 공사를 진행 중에 있습니다.

서해선 노선도   - 출처: 충청남도

248

▶ KTX 어천역 예정

화성시 어천지구에 들어설 어천역 인근에는 향후 4,100여 가구가 공급될 예정입니다. 수인분당선 어천역에는 인천발 KTX가 정차할 예정이어서 어천역은 더블역세권이 되어 이 일대가 교통의 중심지가 될 가능성이 클 것으로 보고 있습니다. 또한 인천발 KTX를 추진 중인 송도까지 연결되면 인천과의 접근성도 좋아질 것으로 내다보고 있습니다.

어천역 위치도   - 출처: 화성시

▶ 동탄 도시철도

동탄 트램은 X자 노선을 갖춰 동탄 내의 접근성과 수원, 오산을 아우르는 광역교통망으로 계획된 도시철도입니다. 트램 노선은 총 연장 약 35킬로미터, 정거장 36개, 32편성 규모로 건설될 예정이고, 2024년 착공하여 2027년

개통을 목표로 추진되고 있습니다.

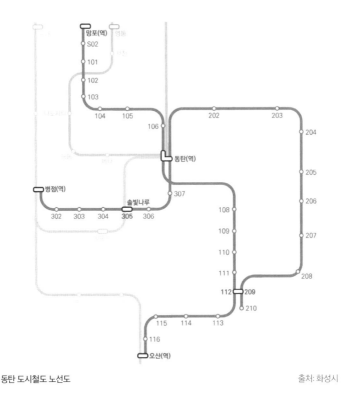

동탄 도시철도 노선도

▶ 반도체 클러스터 호재

동탄 지역은 기존 동탄테크노밸리로 인해 자급자족이 가능한 도시입니다. 여기에 더해 인근 용인시에 삼성반도체, SK하이닉스가 역대 최대 규모의 반도체 산업단지를 조성할 예정이어서, 물리적으로 가까운 동탄2신도시가 큰 일자리 호재를 누릴 것으로 예상하고 있습니다.

반도체 클러스터 위치도　　　　　　　　- 출처: 국토교통부

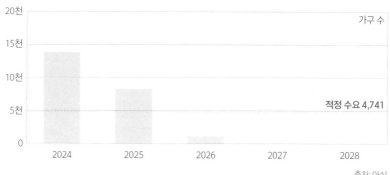

아파트 공급 물량

▶ 연간 적정 입주 물량: 4,741세대

출처: 아실

화성시의 연간 적정 입주 물량은 4,741세대지만, 송산, 향남, 봉담 등의 택지

개발 사업으로 인해 신축 아파트의 입주 물량이 아직 여유가 있는 편입니다.

또한 동탄2신도시의 입주가 아직 많이 남아 있어 전세가는 하락할 가능성이 있지만 시장에서 매매가는 생각보다 탄탄하게 유지되고 있습니다.

No	지역	아파트명	입주 예정	총 세대수
1	화성시	화성송산동원로얄듀크파크	2024년 2월	233세대
2	화성시	향남역한양수자인디에스티지	2024년 2월	945세대
3	화성시	힐스테이트동탄포레	2024년 5월	585세대
4	화성시	화성동탄2제일풍경채퍼스티어	2024년 5월	308세대
5	화성시	동탄레이크파크자연앤e편한세상	2024년 6월	1,227세대
6	화성시	동탄레이크파크자연앤e편한세상	2024년 6월	1,227세대
7	화성시	봉담자이프라이드시티	2024년 7월	1,701세대
8	화성시	힐스테이트봉담프라이드시티	2024년 8월	2,333세대
9	화성시	동탄역금강펜테리움더시글로	2024년 10월	380세대
10	화성시	화성조암스위트엠	2024년 11월	224세대
11	화성시	화성비봉지구우미린	2024년 12월	798세대
12	화성시	e편한세상동탄파크아너스	2024년 12월	800세대
13	화성시	예미지센트럴에듀	2025년 1월	917세대
14	화성시	화성비봉호반써밋	2025년 1월	779세대
15	화성시	동탄2신도시동탄역디에트르퍼스티지	2025년 2월	531세대
16	화성시	화성향남2 A-22블록	2025년 5월	445세대
17	화성시	화성향남2 A-21블록	2025년 5월	605세대
18	화성시	봉담자이라젠느	2025년 5월	862세대
19	화성시	화성비봉지구A-3블록	2025년 6월	988세대
20	화성시	동탄파크릭스A51-2BL	2025년 7월	414세대
21	화성시	동탄파크릭스A51-1BL	2025년 7월	310세대
22	화성시	동탄파크릭스A55BL	2025년 7월	660세대
23	화성시	동탄파크릭스A52BL	2025년 7월	679세대
24	화성시	동탄A107숨마데시앙	2025년 8월	616세대
25	화성시	동탄A106어울림파밀리에	2025년 8월	640세대
26	화성시	동탄신도시금강펜테리움	2026년 2월	1,103세대
총 세대수				20,310세대

5. 투자 포인트

신고가 대비 가격 조정이 많이 된 아파트

- 아파트명: 더레이크시티부영 3단지

- 법정동: 산척동

- 준공년도: 2018년

- 세대수: 706세대

- 신고가: 12.95억 원 (2021.9)

- 6개월 내 신고가: 8.95억 원 (2024.1)

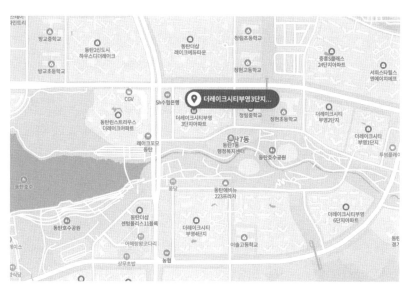

더레이크시티부영 3단지 위치도

- 출처: 네이버지도

동탄신도시의 더레이크시티부영 3단지는 동탄호수공원에 인접해 있는 동탄신도시의 대표적인 단지 중 하나입니다. 2021년 하락장에서 큰 가격 하락이 있었지만 현재 동탄신도시 아파트의 가격 상승세가 심상치 않은 상황이기 때문에 가격 하락이 많았던 단지부터 주목할 필요가 있습니다.

📍 GTX-A 동탄역 개통 호재

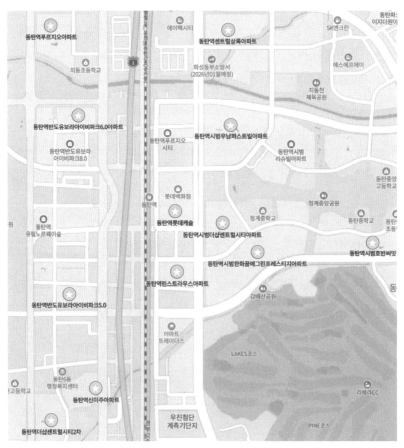

주요 아파트 위치도   - 출처: 네이버지도

GTX-A 노선의 개통으로 인해 파주시 운정, 고양시와 함께 가장 큰 호재를 누릴 지역이 화성시 동탄입니다. 따라서 동탄신도시에서 동탄역을 도보로 이용할 수 있고, 동탄호수공원의 인프라를 누릴 수 있는 단지들은 앞으로도 미래 가치가 좋다고 생각할 수 있습니다.

No	아파트명	준공년도	세대수	최근 34평 실거래가 (2024.06기준)
1	동탄역롯데캐슬	2021	940	15.05억 원
2	동탄역시범더샵센트럴시티	2015	874	12.3억 원
3	시범한화꿈에그린프레스티지	2015	1,817	11.6억 원
4	동탄시범다은마을우남퍼스트빌	2007	610	6.3억 원
5	동탄역시범호반써밋	2015	1,002	9.4억 원
6	동탄역린스트라우스	2018	617	11.6억 원
7	동탄역반도유보라아이비파크5.0	2017	545	10.2억 원
8	동탄역반도유보라아이파크6.0	2017	532	10.5억 원
9	동탄역더샵센트럴시티2차	2018	745	7.45억 원
10	동탄역신미주	2005	538	5.5억 원
11	동탄역센트럴상록	2017	1,005	9.25억 원

서울·경기

입지 분석

TOP 12

IV
경기 지역 황금 입지 TOP 6

평택시

삼성특별시가 되어가는 평택의 발전을 기대해보자!

> ▶ **인구수**: 590,185명 (9위/28개 시)
> ▶ **동별 인구순**: 비전동, 안중읍, 동삭동, 용이동, 고덕동 순

경기도 평택시는 삼성전자 평택캠퍼스로 대표되는 제조업 일자리의 발달과 다양한 개발 호재들로 인해 부동산 시장에서 주목받는 지역 중 하나입니다. 위치적으로 경기도 최남단에 위치하고 있어 서울로의 접근성에 한계가 있지만 삼성전자 평택캠퍼스로 인해 어느 정도 자급자족이 가능한 도시라는 강점이 있습니다.

앞으로 여러 가지 교통 호재가 예정되어 있고, 삼성전자 공장의 증설이 이미 진행되고 있기 때문에 인구는 가파르게 늘어날 것으로 예상됩니다. 또한 브레인시티 조성계획으로 낙후된 인프라도 크게 좋아질 것으로 기대하고 있습니다.

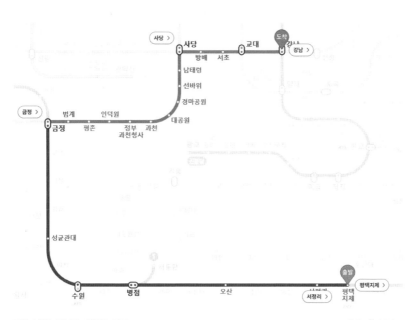

평택지제역→강남역 지하철 노선도

- 출처: 네이버지도

평택시에서는 지하철 1호선이 메인 노선입니다. 하지만 1호선을 이용하더라도 서울의 주요 일자리인 강남까지 88분, 여의도까지 79분, 광화문까지 92분이 소요되기 때문에 지하철 교통망 관점에서는 현재까지 한계가 존재하는 지역입니다.

3. 주요 아파트 시세

동삭동 : 4.8억 원 / 평택동 : 4.5억 원 / 고덕면 : 4.4억 원 / 죽백동 : 4.3억 원 /

용이동 : 4.2억 원 / 소사동 : 4억 원

(34평 2024.3 기준)

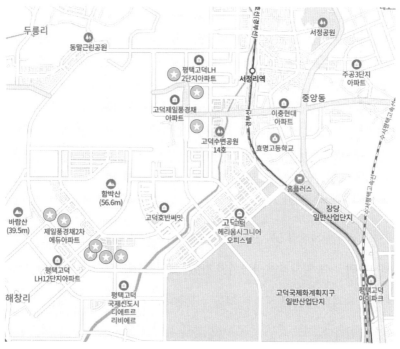

주요 아파트 위치도

\- 출처: 네이버지도

평택시에서는 삼성전자 평택캠퍼스가 조성되면서 함께 계획된 고덕신도시 인근의 아파트가 가장 높은 시세를 보이고 있습니다.

고덕신도시를 벗어나면 1호선 서정리역 역세권 주변의 구축 아파트들과 최근 GTX-A, C 노선 연장 호재가 있는 지제역 인근 신축 아파트들도 상대적으로 높은 시세를 보이고 있습니다.

순위	아파트	동	준공	세대수	신고가 (34평)	6개월 내 신고가	가격 변동	변동
1	고덕국제신도시파라곤	고덕동	2019	752	9.80억 원	6.90억 원	-2.90억 원	-29.6%
2	고덕국제신도시제일풍경채	고덕동	2019	1,022	9.27억 원	6.50억 원	-2.77억 원	-29.9%
3	지제역더샵센트럴시티	지제동	2022	1,999	9.00억 원	8.25억 원	-0.75억 원	-8.3%
4	고덕신도시자연앤자이	고덕동	2019	755	9.00억 원	6.30억 원	-2.70억 원	-30.0%
5	평택비전레이크푸르지오	용이동	2019	621	8.80억 원	6.25억 원	-2.55억 원	-29.0%
6	신안인스빌시그니처	고덕동	2020	613	8.50억 원	5.92억 원	-2.58억 원	-30.4%
7	호반써밋고덕신도시	고덕동	2021	658	8.25억 원	7.40억 원	-0.85억 원	-10.3%
8	힐스테이트지제역	동삭동	2020	1,519	8.00억 원	7.00억 원	-1.00억 원	-12.5%
9	신영평택비전지웰푸르지오	용이동	2019	717	7.80억 원	6.34억 원	-1.46억 원	-18.7%
10	고덕국제신도시리슈빌레이크파크	고덕동	2021	730	7.50억 원	7.50억 원	0	0.0%

교통망 신설 계획

▶ 포승평택선

평택시 안중역은 계획대로라면 서해선과 평택선의 2개 노선이 정차하는 더블역세권이 될 전망입니다. 평택선은 이미 평택-신대-창내 구간이 연결되었지만, 현재는 화물철도만 운행하고 일반철도는 운행되지 않고 있습니다.

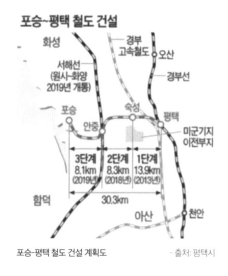

포승-평택 철도 건설 계획도　　　　- 출처: 평택시

그러나 2024년 끊어져 있던 창내부터 안중까지의 9.4킬로미터가 연결되고, 이후 2030년 이후 안중에서 포승까지의 7.6킬로미터 구간이 연결되면 서해선과 경부선의 연계를 위해 승객용 일반열차로 전환될 예정입니다. 계획대로 추진되면 평택역에서 안중역까지 한번에 연결이 되기 때문에 안중에서 평택으로의 이동이 훨씬 수월해질 전망입니다.

▶ 평택부발선 추진

평택부발선은 평택역에서 안성시, 용인시를 거쳐 이천시 부발역까지 연결되는 철도입니다. 현재는 예비타당성 조사가 진행 중이며 곧 결과가 나올 것으로 예상하고 있습니다.

평택부발선이 연결되면 평택의 동서 연결은 물론 경기도와 강원도를 가로로 연결하는 주요 간선철도가 될 것이기 때문에 호재로 평가받고 있습니다.

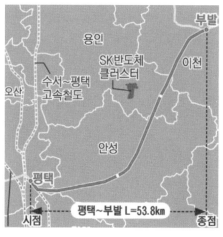

평택부발선 계획도   - 출처: 평택시

▶ 삼성전자 반도체 공장

삼성전자 반도체 공장이 들어선 평택캠퍼스는 118만 평이 넘는 축구장 500개 크기의 산업단지로 국내에서 가장 큰 공장부지로 평가받는 곳입니다. 삼성전자의 주요 수출품인 메모리 반도체부터 파운드리 제품까지 만들어내는 세계에서도 손꼽히는 반도체 공장입니다.

현재는 1~3라인이 완공되어 운영 중이며 4라인 파운드리(P4)와 5라인(5P) 공사가 진행되고 있습니다. 추후 6라인(P6)까지 최종적으로 완성되는 2030년경에는 총 21만 개의 일자리가 창출될 것으로 예상하고 있습니다.

삼성전자반도체공장   - 출처: 삼성전자

▶ 평택 브레인시티 일반산업단지

평택 브레인시티 일반산업단지는 평택시 도일동 일원에 위치하며, 총 면적 146만 평으로 현재 2025년 준공을 목표로 순조롭게 진행되고 있습니다.

평택 브레인시티는 경기도 최대 규모의 일반산업단지라는 명성에 걸맞게 주거, 행정, 교육, 산업, 의료, 문화를 복합적으로 개발하는 산업단지로 산업시설, 공공시설, 주거시설, 지원시설 등을 위한 용지가 공급될 전망입니다.

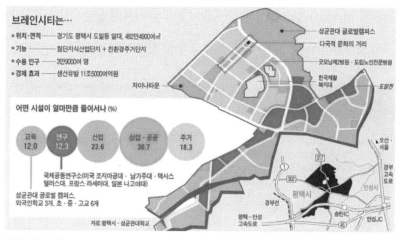

브레인시티 계획도

- 출처: 평택시, 성균관대학교

▶ 평택역 리모델링

최근 평택역 인근 성매매 집결지를 포함한 평택동 76번지 일원의 재개발을 위한 평택 1구역 사업이 도시계획위원회의 심의를 통과했습니다. 평택동 76번지 일원은 면적 면적 3만 3,814㎡의 상업용지로 용적률이 1,300퍼센트에 달해 50~70층 규모의 상업시설 건축이 가능하다는 장점이 있습니다. 평택역 재개발 사업은 노후화된 평택시 원도심 지역이 상업시설과 공원 등으로 탈바꿈하게 되어 평택시에 큰 호재가 될 전망입니다.

사업대상지 투시도   - 출처: 평택시

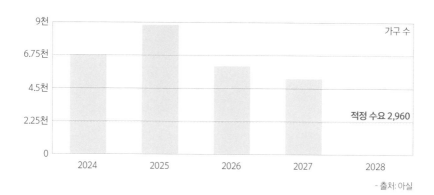

아파트 공급 물량

▶ **연간 적정 입주 물량: 2,960세대**

- 출처: 아실

평택시의 연간 적정 입주 물량은 2,960세대로 다른 지역과 다르게 앞으로도 공급이 많을 예정입니다. 고덕신도시와 각종 택지개발로 조성되고 있는 단지들이 많기 때문에 매매 시세는 크게 오르지 않을 가능성이 있습니다.

하지만 평택시는 지금 당장보다는 삼성전자 평택캠퍼스의 증설이 모두 마무리되고, 고덕신도시가 완성되는 시점에 미래 가치가 기대되는 곳입니다.

No	지역	아파트명	입주 예정	총 세대수
1	경기 평택 칠원동	평택지제역동문디이스트5단지	2024년 2월	741세대
2	경기 평택 서정동	힐스테이트평택더퍼스트	2024년 2월	1,107세대
3	경기 평택 고덕동	고덕국제신도시A-49블록 호반써밋III	2024년 4월	703세대
4	경기 평택 고덕면	힐스테이트고덕스카이시티	2024년 5월	665세대
5	경기 평택 고덕면	힐스테이트고덕센트럴	2024년 8월	660세대
6	경기 평택 동삭동	지제역푸르지오엘리아츠	2024년 8월	812세대

평택시

7	경기 평택 고덕동	평택고덕A-53블록신혼희망타운	2024년 11월	1,167세대
8	경기 평택 청북읍	평택청북세종헤르메스(주상복합)	2025년 1월	280세대
9	경기 평택 고덕동	평택고덕A57-2블록신혼희망타운	2025년 2월	385세대
10	경기 평택 통복동	평택역경남아너스빌디아트(주)	2025년 3월	499세대
11	경기 평택 고덕동	평택고덕대광로제비앙모아엘가	2025년 4월	1,255세대
12	경기 평택 장당동	평택석정공원화성파크드림	2025년 7월	1,296세대
13	경기 평택 현덕면	평택화양휴먼빌퍼스트시티	2025년 8월	1,468세대
14	경기 평택 고덕동	고덕자이센트로	2025년 8월	569세대
15	경기 평택 현덕면	e편한세상평택하이센트	2025년 9월	916세대
16	경기 평택 현덕면	e편한세상평택라씨엘로	2025년 9월	1,063세대
17	경기 평택 현덕면	포레나평택화양	2025년 11월	995세대
18	경기 평택 현덕면	힐스테이트평택화양	2026년 3월	1,571세대
19	경기 평택 장당동	지제역반도체벨리제일풍경채2블록	2026년 3월	1,152세대
20	경기 평택 현덕면	평택화양서희스타힐스센트럴파크	2026년 7월	1,554세대
21	경기 평택 장안동	대광로제비앙모아엘가	2026년 8월	1,700세대
22	경기 평택시	지제역반도체밸리쌍용더플래티넘	2027년 1월	1,340세대
23	경기 평택 진위면	진위역서희스타힐스더파크뷰	2027년 2월	1,659세대
24	경기 평택시	평택브레인시티중흥S-클래스	2027년 2월	1,980세대
총 세대수				**25,537세대**

5. 투자 포인트

신고가 대비 가격 조정이 많이 된 아파트

- 아파트명: **고덕신도시 자연앤자이**

- 법정동: 고덕동

- 준공년도: 2019년

- 세대수: 755세대

- 신고가: 9억 원 (2021.9)

- 6개월 내 신고가: 6.19억 원 (2024.1)

자연앤자이 위치도

- 출처: 네이버지도

고덕신도시 자연앤자이 아파트는 2021년 신고가 대비하여 가장 많은 가격 하락이 있었던 곳입니다. 평택시는 삼성전자 평택캠퍼스의 증설, 고덕신도시의 안정화 등이 상승장과 맞물릴 때 가격 상승으로 전환될 수 있는 지역이므로 시간을 갖고 지켜보는 것이 중요합니다.

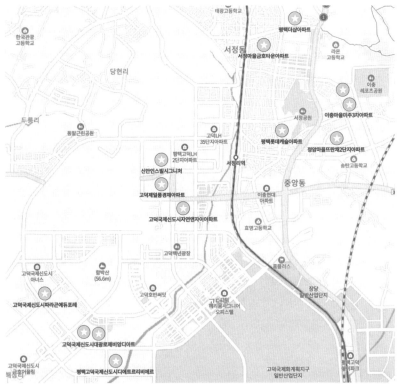

주요 아파트 위치도

\- 출처: 네이버지도

평택은 자급자족이 가능한 도시이기 때문에 삼성전자 평택캠퍼스의 6라인 (P6)까지의 공사가 완료되는 시점에 고덕신도시를 비롯한 아파트들이 가치를 제대로 평가받을 가능성이 큽니다. 따라서 고덕신도시의 인프라를 누리면서 삼성전자 평택캠퍼스와 가까운 지역의 아파트들을 눈여겨볼 필요가 있습니다.

No	아파트명	준공년도	세대수	최근 34평 실거래가 (2024.06기준)
1	호반써밋고덕신도시에듀파크	2022	766	6.5억 원
2	고덕신도시자연앤자이	2019	755	6.3억 원
3	고덕신도시제일풍경채	2019	1,022	6.5억 원
4	신안인스빌시그니처	2020	613	5.92억 원
5	고덕신도시파라곤	2019	752	6.9억 원
6	대광로제비앙디아트	2022	639	6.1억 원
7	평택더샵	2009	718	4.2억 원
8	서정마을금호타운	1996	648	2.5억 원
9	평택LIG	1997	560	2.9억 원
10	이충마을미주3차	1996	690	2.4억 원
11	평택롯데캐슬	2010	828	3.8억 원
12	정암마을뜨란채	2006	733	3.13억 원

서울·경기
입지 분석
TOP 12

Outro
미래의 변화가 큰 지역을
선점해야 한다

이번 책을 통해서 수요와 공급, 타이밍, 가격, 상대적 비교 등 부동산 투자의 기본 메커니즘을 익히고, 유망 지역 입지 분석을 위해 꼭 알아야 할 교통망, 일자리, 학군, 인프라, 자연환경, 정비사업 등을 살펴보았습니다.

이를 기준으로 서울의 6개 구(강동구, 금천구, 도봉구, 동대문구, 영등포구, 은평구)와 경기도의 6개 시(성남시, 고양시, 용인시, 수원시, 화성시, 평택시) 등 지금 시점에서 주목해야 할 TOP 12 지역을 선정하여 해당 지역의 기본 정보, 현재 시세, 앞으로의 호재, 저평가된 아파트, 투자를 고려해 볼 만한 아파트의 순으로 입지 분석을 함께 해봤습니다.

책에서 강조했듯이 부동산 투자를 고려한다면 다음 3가지 사항을 반드시 명심해야 합니다.

1. 수요가 있는 지역의 부동산은 결국 장기적으로 우상향한다.
2. 상대적 비교를 통해 입지 분석을 하면 저평가된 물건이 반드시 있다.
3. 현재 비슷한 가격의 부동산이라도 분명 미래에 더 상승할 물건이 있다.

위 3가지 사항을 명심하면서 다양한 관점으로 해당 지역에 대한 완벽한 입지 분석을 하고, 앞으로 미래 가치가 더 좋아질만한 지역을 찾아내어 남들보다 먼저 선점하는 것이 부동산 투자를 성공적으로 이끌 수 있는 방법입니다.

부동산 공부는 벼락치기가 아닌 장기 레이스입니다. 부동산 정보에 꾸준한 관심을 갖고 지속적으로 가격의 변동을 주시하면서, 현재의 시황과 앞으로의 미래 가치가 어떻게 변할 것인지 끊임없이 공부해야 합니다.

부동산으로 부를 이룬 사람들은 절대로 시장을 떠나지 않고, 기회를 엿보다가 과감한 투자를 결정하는 투자자들입니다. 따라서 지금은 일시적인 가격 상승 및 가격 하락에 너무 일희일비하지 말고 계속 공부를 하면서 임장을 삶의 일부로 받아들여야 합니다. 저평가된 물건을 스스로 찾고 다음에 찾아올 상승장을 기다리며 준비를 계속하는 사람만이 결국 승리를 맛볼 수 있습니다.

이 책이 여러분의 부동산 투자를 성공으로 이끄는 것을 넘어 미래에 경제적 자유를 이루기 위한 초석이 되기를 진심으로 바랍니다. 여러분의 부동산 투자가 성공으로 마무리될 수 있도록 진심으로 응원하겠습니다.

서울·경기

입지 분석

TOP 12